AQA GCSE SPANISH

Foundation

John Halksworth
Viv Halksworth
José Antonio García Sánchez
Tony Weston

Oxford University Press

OXFORD
UNIVERSITY PRESS

Great Clarendon Street, Oxford, OX2 6DP, United Kingdom

Oxford University Press is a department of the University of Oxford. It furthers the University's objective of excellence in research, scholarship, and education by publishing worldwide. Oxford is a registered trade mark of Oxford University Press in the UK and in certain other countries.

© Oxford University Press 2024

The moral rights of the authors have been asserted

First published in 2024

All rights reserved. No part of this publication may be reproduced, stored in a retrieval system, or transmitted, used for text and data mining, or used for training artificial intelligence, in any form or by any means, without the prior permission in writing of Oxford University Press, or as expressly permitted by law, by licence or under terms agreed with the appropriate reprographics rights organization. Enquiries concerning reproduction outside the scope of the above should be sent to the Rights Department, Oxford University Press, at the address above.

You must not circulate this work in any other form and you must impose this same condition on any acquirer

British Library Cataloguing in Publication Data
Data available

978-1-38-204595-7

978-1-38-204596-4 (ebook)

10 9 8 7 6 5 4 3 2 1

The manufacturing process conforms to the environmental regulations of the country of origin.

Printed in the UK by Bell and Bain Ltd, Glasgow

Acknowledgements

The publisher and authors would like to thank the following for permission to use photographs and other copyright material:

Cover: Sua Balac

Artist: Sua Balac, John Batten, Phil Garner, Javier Joaquin, Mauro Marchesi, Andrew Painter

Photos: Throughout; Beatriz Gascon J / Shutterstock; **p19(a):** Photommmm / Shutterstock; **p19(b):** ViDI Studio / Shutterstock; **p19(c):** goodluz / Shutterstock; **p19(d):** AJR_photo / Shutterstock; **p27:** Tatjana Baibakova / Shutterstock; **p31:** Orfeev/ Shutterstock; **p38(l):** Jacob Lund / Shutterstock; **p38(m):** Drazen Zigic / Shutterstock; **p38(r):** Monkey Business Images / Shutterstock; **p42(t):** radoma / Shutterstock; **p42(m):** Peter Hermes Furian / Shutterstock; **p42(b):** Marta Fernandez Jimenez / Shutterstock; **p43(banner):** Jesse33 / Shutterstock; **p43(t):** Foxys Forest Manufacture / Shutterstock; **p43(m):** Vicente Vidal Fernandez / Alamy Stock Photo; **p43(bl):** Pajor Pawel/ Shutterstock; 43(br): Pixel-Shot / Shutterstock; **p55(t):** Hero Images Inc. / Alamy Stock Photo; **p55(b):** Gorodenkoff / Shutterstock; **p58:** astarot / Shutterstock; **p64(t):** charnsitr / Shutterstock; **p65(l):** Christian Bertrand / Shutterstock; **p65(r):** Leonard Zhukovskiy / Shutterstock; **p68:** Denis Kabelev / Shutterstock; **p69(l):** UPI / Alamy Stock Photo; **p69(m):** Independent Photo Agency Srl / Alamy Stock Photo; **p69(r):** Melinda Nagy / Shutterstock; **p72:** Sonya illustration/ Shutterstock; **p73:** Ira Berger / Alamy Stock Photo; **p76(a):** jaime diaz / Shutterstock; **p76(b):** Luciano de la Rosa / Shutterstock; **p76(c):** Image Professionals GmbH / Alamy Stock Photo; **p76(d):** doleesi / Shutterstock; **p77:** David Ionut/ Shutterstock; **p80(l):** Ga Fullner / Shutterstock; **p80(lm):** NurPhoto SRL / Alamy Stock Photo; **p80(rm):** MediaPunch Inc / Alamy Stock Photo; **p80(r):** Associated Press / Alamy Stock Photo; **p84:** Sipa US / Alamy Stock Photo; **p88(t):** Prostock-studio / Shutterstock; **p88(tm):** Stefano Politi Markovina / Alamy Stock Photo; **p88(bm):** imageBROKER.com GmbH & Co. KG / Alamy Stock Photo; **p88(b):** aguscrespophoto / Alamy Stock Photo; **p89(banner):** cribe / Shutterstock; **p89(t):** runnins/ Shutterstock; **p89(b):** Stefano Politi Markovina / Alamy Stock Photo; **p101(t):** DC Studio / Shutterstock; **p101(b):** Denis Makarenko / Shutterstock; **p104:** Quetzalcoatl1 / Shutterstock; p114: Cezary Wojtkowski / Shutterstock; **p122(tl):** fizkes / Shutterstock; **p122(tm):** carballo / Shutterstock; **p122(tr):** Roman Chazov / Shutterstock; **p122(bl):** Roman Samborskyi / Shutterstock; **p122(bm):** fizkes / Shutterstock; **p122(br):** Selected images / Shutterstock; **p123:** fizkes / Shutterstock; **p126:** Samuel Borges Photography / Shutterstock; **p130:** maljuk / Shutterstock; **p134(banner):** Formatoriginal / Shutterstock; **p134(l):** Alfonso de Tomas / Shutterstock; **p134(m):** Dzm1try / Shutterstock; **p134(r):** Gena Melendrez / Shutterstock; **p135(tl):** Jose Arcos Aguilar / Shutterstock; **p135(tr):** Jose Manuel Revuelta Luna / Alamy Stock Photo; **p135(m):** FCG / Shutterstock; **p135(bl):** Sipa US / Alamy ; **p135(br):** astonphoto / Shutterstock; **p147(t):** Prostock-studio / Shutterstock; **p147(b):** Pressmaster / Shutterstock; **p150:** trabantos / Shutterstock; **p155(t):** View Apart / Shutterstock; **p155(b):** Gorodenkoff / Shutterstock; **p158:** PR Image Factory / Shutterstock

Artwork by Q2A Media.

Every effort has been made to contact copyright holders of material reproduced in this book. Any omissions will be rectified in subsequent printings if notice is given to the publisher.

MIX
Paper | Supporting responsible forestry
FSC® C007785

This textbook has been approved by AQA for use with our qualification. This means that we have checked that it broadly covers the specification and we are satisfied with the overall quality. Full details of our approval process can be found on our website.

We approve textbooks because we know how important it is for teachers and students to have the right resources to support their teaching and learning. However, the publisher is ultimately responsible for the editorial control and quality of this book.

Please note that when teaching the AQA Spanish Foundation course, you must refer to AQA's specification as your definitive source of information. While this book has been written to match the specification, it cannot provide complete coverage of every aspect of the course.

A wide range of other useful resources can be found on the relevant subject pages of our website: aqa.org.uk

Contents

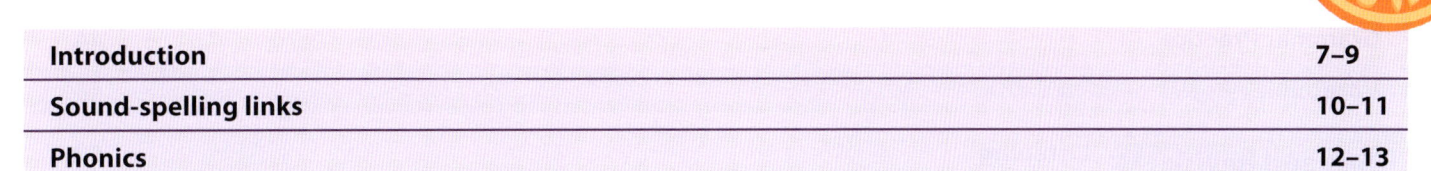

Introduction	7–9
Sound-spelling links	10–11
Phonics	12–13

Theme 1 People and lifestyle — 14

Introduction: Identity and relationships with others; Healthy living and lifestyle	14
Introduction: Education and work	16

Unit 1 – Identity and relationships with others

Spread title	Verb focus	Grammar focus	Pronunciation focus	Page
1.1G ¿Cómo es?	*ser* and *tener*	Adjectives	ñ	18
1.1F ¿Qué tipo de persona eres?	*ser* and *estar*	Adjective agreement	ce, ci	20
1.2G Las relaciones familiares	Irregular verbs: *ir, hacer, salir*	Possessive adjectives: *mi(s), tu(s)* and *su(s)*		22
1.2F Los amigos	Reflexive verbs	Possessive adjectives	z	24

Unit 2 – Healthy living and lifestyle

Spread title	Verb focus	Grammar focus	Pronunciation focus	Page
2.1G La vida sana	Expressions using *tener*	Question words		26
2.1F ¿Estás en forma?	Radical-changing verbs	*al* and *del*	ll	28
2.2G Salir a comer	*tener que* and *deber*	Adjectives of nationality		30
2.2F Tipos de dietas	The immediate future tense	Subject pronouns	gue, gui	32

Unit 3 – Education and work

Spread title	Verb focus	Grammar focus	Pronunciation focus	Page
3.1G El día escolar	Using *gustar*	Revising adjectives and colours		34
3.1F En el instituto	Making sentences negative	Comparative adjectives	que, qui	36
3.2G Las opciones a los 16 años	The future tense	Nouns ending in *-ista*		38
3.2F Los trabajos	Uses of the infinitive	*lo* + adjective	cu + vowel	40

tres 3

Contents

Culture: Aspectos de la vida hispánica		42
Grammar Practice		44
Vocabulary		48
Test and Revise	Listening	52
	Speaking	54
	Reading	56
	Writing	58

Theme 2 Popular culture — 60

Introduction: Free time activities; customs, festivals and celebrations	60
Introduction: Celebrity culture	62

Unit 4 – Free time activities

Spread title	Verb focus	Grammar focus	Pronunciation focus	Page
4.1G Un mundo deportivo	The present tense and radical-changing verbs	Demonstrative adjectives *this*, *that*, *these* and *those*		64
4.1F ¡Nos gusta el riesgo!	The present continuous (including irregular gerunds)	The personal *a*	g	66
4.2G ¡Me paso el día bailando!	Present and future tenses – revision	Present and future time phrases		68
4.2F Veo, veo… ¿Qué ves?	The preterite for regular verbs, plus irregular verbs *ver* and *ir*	Adverbs of frequency	c	70

Unit 5 – Customs, festivals and celebrations

Spread title	Verb focus	Grammar focus	Pronunciation focus	Page
5.1G De celebración	Past, present and future tenses – revision	Prepositions		72
5.1F Nuestras tradiciones de siempre	Irregular verbs in the preterite tense	Past-tense time phrases	r	74
5.2G Carnaval, ¡te quiero!	Recognising past, present and future tenses	Indefinite adjectives		76
5.2F Latinoamérica celebra la vida	*antes de*, *después de*, *al* + infinitive	Apocopation of adjectives	ch	78

4 cuatro

Contents

Unit 6 – Celebrity culture

Spread title	Verb focus	Grammar focus	Pronunciation focus	Page
6.1G La alfombra roja de los premios Goya	Key verbs in the imperfect tense	Revising adjective agreement		80
6.1F Lola y Rosalía, ayer y hoy	The imperfect tense in full	Suffixes -ísimo and –ito	a, e, i	82
6.2G Una TikToker sin descanso	Reflexive verbs	Adverbs (including those with -mente)	v	84
6.2F Famosos que valen la pena	Using three-time frames	Possession with de	o, u	86

Culture: ¡Que la fiesta no pare!		88
Grammar Practice		90
Vocabulary		94
Test and Revise	Listening	98
	Speaking	100
	Reading	102
	Writing	104

Theme 3 Communication and the world around us — 106

Introduction: Travel and tourism; media and technology	106
Introduction: The environment and where people live	108

Unit 7 – Travel and tourism, including places of interest

Spread title	Verb focus	Grammar focus	Pronunciation focus	Page
7.1G ¿Cómo te gusta viajar?	Me gustaría, me encantaría, preferiría	Revising comparatives		110
7.1F ¿Qué haces durante las vacaciones?	The conditional tense	Phrases with ir de	j	112
7.2G Una visita a Andalucía		Making recommendations; Object pronouns		114
7.2F ¿Qué tipo de vacaciones prefieres?	The past continuous	Object pronouns	ge, gi	116

cinco 5

Contents

Unit 8 – Media and technology

Spread title	Verb focus	Grammar focus	Pronunciation focus	Page
8.1G Las redes sociales		Talking about good and bad points		118
8.1F Los cambios en la tecnología	The perfect tense	Revising numbers	rr	120
8.2G La tecnología en casa	Recognising past, present and future time frames	Justifying and giving reasons		122
8.2F ¿Cómo usas tu móvil?		Revising object pronouns	h	124

Unit 9 – The environment and where people live

Spread title	Verb focus	Grammar focus	Pronunciation focus	Page
9.1G Mi casa	Present tense (1st person sing.)	Revising adjectival agreement		126
9.1F Mi pueblo y mi ciudad		Adverbs of place; Talking about the weather	tu	128
9.2G El medio ambiente en mi región	Revising the perfect tense	Expressions with *estar*	j and ch	130
9.2F El medio ambiente y yo	The imperative; The preterite (1st person singular)		v	132

Culture: España: ¡Todo bajo el sol!		134
Grammar Practice		136
Vocabulary		140

Test and Revise:	Listening	144
	Speaking	146
	Reading	148
	Writing	150

Test and Revise: mixed practice	Listening	152
	Speaking	154
	Reading	156
	Writing	158

Reference	Grammar	160
	Verb tables	178
	Glossary	182

6 seis

Introducing AQA GCSE Spanish

- Learning vocabulary
- Sound–spelling links
- Translation skills
- Writing
- Reading & reading aloud
- Dictation
- Speaking
- Culture
- Grammar knowledge
- Listening

Understanding how the specification works

The AQA GCSE Spanish specification is divided into three main subject areas, called Themes. This book is divided up in the same way, with colour-coding to help you know where you are.

Theme 1 People and lifestyle

Theme 2 Popular culture

Theme 3 Communication and the world around us

Each Theme is divided into three Topics, making a total of nine Topics to study during the course. The exam is divided up according to the four Language Skills: Listening, Speaking, Reading and Writing. Each one of these has its own separate exam, in the form of an end-of-course paper.

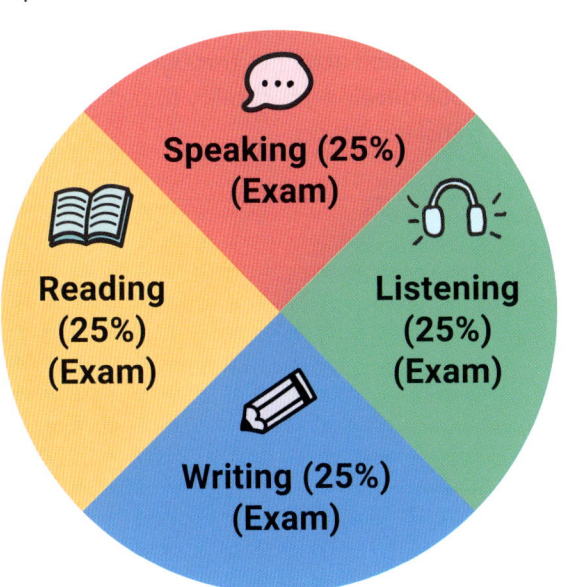

- Speaking (25%) (Exam)
- Listening (25%) (Exam)
- Writing (25%) (Exam)
- Reading (25%) (Exam)

siete 7

Introduction

Useful language

The section on pages 10–11 provides useful key vocabulary and phrases which are commonly used in real-life, everyday situations.

Phonics and sound–spelling links

- The section on pages 12–13 groups together all the sounds included in the *Pronunciación* boxes and provides tips on how to pronounce widely used words and phrases to speak Spanish confidently and clearly. Your knowledge of how spelling represents sounds will be tested through dictation and a read-aloud task in the exam.
- The *Pronunciación* boxes cover all the common sounds in the Spanish language and the sound–spelling links included in the specification, and include pronunciation tips.

> **Pronunciación**
>
> *gue, gui*
>
> When the letter *g* is followed by *ue* or *ui*, the *g* is hard, like the 'g' in 'garden'. The *u* is not pronounced, just like the 'u' in the English word 'guess' is not pronounced.

Themes and topics

Each Theme is divided into three Topics. Each Theme starts with two introductory double-page spreads introducing key themes, core vocabulary and structures that you may have covered at Key Stage 3. These pages provide an opportunity to recap and practise important language and/or lay the foundations for further learning.

The three Topics are then each covered over four double-page spreads, two at Foundation level and two at Higher level. Each spread introduces specification vocabulary and features a verb focus and a grammar focus. All the key skills required in the specification are also covered, including phonics and cultural knowledge.

Learning vocabulary

Vocabulary support is provided in various ways throughout the book and on Kerboodle:

- Vocabulary lists – the introductory double-page spreads at the start of each Theme include lists of key words and phrases practised in the texts and on the page. Vocabulary from each of the core spreads and the culture pages is listed in the vocabulary pages at the end of each Theme. Items highlighted in grey are words that are useful but do not appear in the specification. It is important that you learn the specification vocabulary.
- Vocabulary tasks – these help to build the vocabulary required in each topic of the specification.
- Interactive activities – the vocabulary builders on Kerboodle provide activities with instant feedback.*
- Glossary – the glossary at the back of the book combines the vocabulary from the Themes' vocabulary pages.

Features

Reading

The Student Book contains plenty of Spanish reading material on the Themes and Topics included within the specification. The activities that follow the reading passages help develop your comprehension skills so that you can access unfamiliar texts in the future.

Listening

Activities with a listening icon next to them help you to improve listening comprehension skills. The audio can be accessed through Kerboodle.

Speaking

The speaking activities are designed to build your confidence in speaking Spanish and to practise using the vocabulary you've learnt in the unit or Theme. There are also practice role plays and photo card activities throughout the book.

Writing

The writing icon indicates an activity that will help you to use the language you've learnt to build sentences and paragraphs of written Spanish.

Translation

Translation activities throughout the book develop your ability to tackle translation tasks.

Introduction

Language support in speaking and writing

Examples of language to be used or language structure boxes are provided for some speaking and writing tasks. These can be used as models to build your own sentences.

Para estar en forma,	tienes que	cuidar …
		hacer …
Para llevar una vida sana,	es importante	beber …
		comer …

6 💬 **Look back at the vocabulary on these two pages and work with a partner to give health advice.**

This grid will give you some ideas for starting

Building grammar knowledge

- Understanding grammar is key to understanding Spanish and building your own phrases. *AQA GCSE Spanish* helps you to consolidate and deepen your grammar knowledge in a logical way with no assumption of prior learning.
- Grammar boxes outline key grammar points, with accompanying activities on the same page to put theory into practice.

Gramática

Subject pronouns

Spanish verbs don't usually need the subject pronoun (I, you, he, we, they, etc). This is because all

- Additional grammar practice is also provided in two double-page spreads at the end of each Theme.
- Interactive activities on Kerboodle provide further consolidation with instant feedback.*
- There is a grammar section at the back of the Student Book to refer to whenever you need to.

Kerboodle

Kerboodle for *AQA GCSE Spanish* provides resources focused on developing key grammar, vocabulary, phonics and all the language-learning and exam skills required at GCSE. This includes auto-marked interactive activities and tests, worksheets, listening activities with downloadable transcripts, practice questions and assessments, and comprehensive teacher support.

Interactive activities can be completed on tablets or mobile devices.

🎯 Verbs

Specific emphasis is given to the formation of verbs and tenses, and how they are used.

Los verbos

The immediate future

To talk about what is **going to** happen, use the verb *ir* (to go), add *a* and then the infinitive of the verb:

🌐 Culture

- Culture boxes throughout the book highlight aspects of Hispanic culture relevant to each topic.

Cultura

The Mediterranean diet has come about because of the foods that are plentiful in southern Europe.

- There is a *Culture* double-page spread at the end of each Theme showcasing aspects of Hispanic history, literature and contemporary culture.

Language tips

These boxes give extra support and information about what to look out for or how to do a particular activity.

Consejo

On occasions, there may be more than one way of translating a word. For example, if you don't know

Test and revise

There are regular revision and practice opportunities throughout the book in the four test and revise sections (one test per Theme and a cross-Theme test at the end of the book). Each test offers exam-style activities in the four skill areas.

Kerboodle Books

Kerboodle Books are digital versions of the Student Books, which can be accessed on a range of devices and tablets.

Activities and audio can be launched directly from the page and individual users have their own digital notebook for use within their Kerboodle Book, in which they can use various tools and annotate pages to create their own personalised copy.

*These resources are not part of the AQA approval process.

nueve 9

Useful language

Numbers

0 cero	15 quince	30 treinta
1 uno	16 dieciséis	40 cuarenta
2 dos	17 diecisiete	41 cuarenta y uno
3 tres	18 dieciocho	50 cincuenta
4 cuatro	19 diecinueve	52 cincuenta y dos
5 cinco	20 veinte	60 sesenta
6 seis	21 veintiuno	63 sesenta y tres
7 siete	22 veintidós	70 setenta
8 ocho	23 veintitrés	75 setenta y cinco
9 nueve	24 veinticuatro	80 ochenta
10 diez	25 veinticinco	86 ochenta y seis
11 once	26 veintiséis	90 noventa
12 doce	27 veintisiete	97 noventa y siete
13 trece	28 veintiocho	
14 catorce	29 veintinueve	

Large Numbers

100	cien	600	seiscientos
200	doscientos	700	setecientos
300	trescientos	800	ochocientos
400	cuatrocientos	900	novecientos
500	quinientos		

1,000	mil
1,000,000	un millón
1,000,000,000	mil millones

Days and dates

- Remember that the days of the week are written with small letters in Spanish.

  lunes, martes, miércoles, jueves, viernes, sábado, domingo

- The same is true of the months.

  enero, febrero, marzo, abril, mayo, junio, julio, agosto, septiembre, octubre, noviembre, diciembre

- To say the date, simply use *el* + number + *de* + month.

  el cuatro de septiembre, el veintidós de mayo

Greetings and ages

¡Hola!	Hello!
¡Buenos días!	Hello / Good morning!
¡Buenas tardes!	Good afternoon!
¡Buenas noches!	Good evening / night!
¡Adiós!	Goodbye!
¡Hasta luego!	See you later!
¡Buenas noches!	Good night!
¿Qué tal?	How are you?
Bien, gracias.	Fine, thanks.
¿Cuántos años tienes?	How old are you?
Tengo dieciséis años.	I'm sixteen.
¿Y tú?	And you?

Useful language

Time

There are two ways of telling the time in Spanish: the traditional 12-hour clock method and the 24-hour clock method, which is often used in Spanish, particularly to discuss travel times.

- To say what time it is using the traditional 12-hour clock, start with *Son las…*

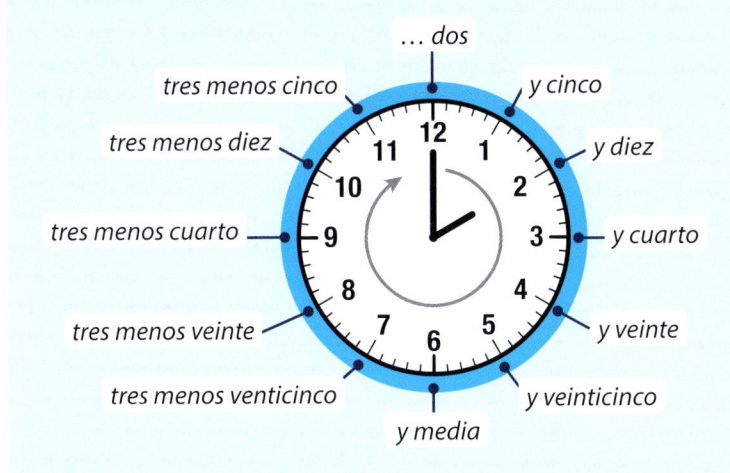

  … dos
  tres menos cinco — y cinco
  tres menos diez — y diez
  tres menos cuarto — y cuarto
  tres menos veinte — y veinte
  tres menos venticinco — y veinticinco
  y media

- As in English, when using the 24-hour clock, use numbers such as *trece, dieciocho*, etc.:

a las veinte diez	at 20.10
A mediodía.	At midday.
A medianoche.	At midnight.
Es la una.	It's one o'clock.

- To ask the time:

  ¿Qué hora es? What time is it? / What's the time?

Interrogatives

¿Quién?	Who?
¿Cuándo?	When?
¿Cómo?	How? / What … like?
¿Por qué?	Why?
¿Cuánto?	How much?
¿Cuántos …? ¿Cuántas …?	How many?
¿Qué?	What?
¿Cuáles …?	Which …?

Conjunctions

y	and
pero	but
o	or
porque	because
donde	where
cuando	when

Intensifiers

bastante	quite
más	more
muy	very
menos	less
demasiado	too

Adverbs of frequency

nunca	never
raramente	rarely
de vez en cuando	from time to time
normalmente	normally
a veces	sometimes
frecuentemente	often
siempre	always

once 11

Sound-spelling links

The new GCSE Exams involve a reading-aloud task and a dictation task to test your knowledge and understanding of sound-symbol correspondences. Learning how spelling represents sounds and using clear pronunciation when speaking Spanish are key skills at GCSE. It is important that you are confident with pronunciation and know how to pronounce words correctly to speak Spanish confidently.

Sound	Example	Page
ñ	*España, señor, año*	18
ce	*centro, doce*	21
ci	*fácil, difícil*	21
z	*zapato, zona, azul, actriz*	24
ll	*pollo, me llamo*	29
gue	*hamburguesa*	32
gui	*seguir, guitarra, alguien*	32
que	*que, querer, parque*	36
qui	*quien, equipo, quince*	36
cu + vowel	*cuando, cuatro, cincuenta, cuerpo, escuela*	41
ga	*jugando*	67
go	*gobierno*	67
gu	*gustar*	67
ca	*cada*	70
co	*concurso*	70
cu	*cultural*	70
-r-, -r	*favorito, durante, traer*	74
ch	*Quechua, Chile, coche*	79
a	*año*	83
e	*es*	83
i	*niño*	83
v	*verano, voy, vamos, viernes, viaje, vender, vale, visitar*	85
o	*solo*	86
u	*Uruguay*	86
j	*jugar, naranja, jamón, mejor, hijo*	113
ge	*genial, coger, gente, general*	116
gi	*gimnasio, colegio, región*	116
rr, r-, -r-*	*El perro de San Roque no tiene rabo porque Ramón Rodríguez se lo ha robado.*	121
silent h	*horario, hotel, hijos, hablar* *ahora, prohibir, ahorrar, enhorabuena*	125
tu	*instituto, situación, cultura, actual, temperatura*	129

Sound-spelling links

Pronunciación

a, e, i

Spanish vowels are shorter in duration than their English equivalents. The vowels 'a', 'e' and 'i' sound a bit like those taught to young children as part of the English phonetic alphabet ('a' as in 'apple', 'e' as in 'net' and 'i' as in 'meet'.

Examples: **a**ño, **e**s, n**i**ño, **A**m**é**rica

Pronunciación

o, u

The Spanish vowel sound 'o' is much shorter and less pronounced that the distinct English 'o'. The 'u' is similar to the 'oo' in the English word 'moon', with the lips rounded, almost closed.

Saying the 'o' and the 'u' correctly is essential for a good Spanish accent.

Examples: s**o**lo, **U**r**u**g**u**ay, m**u**cho

Pronunciación

g + vowel sounds

g

When it comes directly before the vowels 'a', 'o' and 'u', the 'g' makes a hard sound, just as it does in English.

Examples: ju**ga**ndo, **go**bierno, **gu**star

ge, gi

The letter 'g' when followed by 'e' or 'i' sounds like the 'ch' in the Scottish word 'loch'.

Examples: **gi**mnasio, cole**gi**o, re**gi**ón, co**ge**r, **ge**nte, **ge**neral

gue, gui

When the letter g is followed by ue or ui, the g is hard, like the 'g' in 'garden'. The u is not pronounced, just like the 'u' in the English word 'guess' is not pronounced.

Examples: hambur**gue**sa, se**gui**r, **gui**tarra, al**gui**en

Tip box

To sound as fluent as possible in Spanish, it is important to think not just about what you say, but also how you say it. You also need to think about 'stress' (where the emphasis is placed within words); 'rhythm' (the beat and flow of the language in sentences) and 'pitch' (varying the tone of your language). Listen to as much authentic Spanish as possible and imitate as well as you can!

Tip box

Reading aloud in Spanish poses challenges when you come across new words, or sometimes words just come out wrong when you read them off the page!

- Try to read and understand the sentence before you start.
- Work with a partner and seek their advice once you have finished.
- Practise reading aloud regularly.
- Record yourself and listen to it with a critical ear!

Theme 1
People and lifestyle

Identity and relationships with others

1 📖 Read the email from Graciela and match each name in bold to the correct person in the photo.

el pelo	hair	corto/a	short
las gafas	glasses	negro/a	black
largo/a	long	rojo/a	red

¡Hola!

Esta es una foto de mi familia. Yo soy **Graciela** y vivo con todos ellos en Oaxaca. Tengo el pelo largo y negro. Tengo un hermano pequeño, **Lucas**, que solo tiene cuatro años. Mi madre se llama **Teresa** y también tiene el pelo largo y negro. Mi padre, **Juan**, tiene el pelo corto y es una persona alegre. Vivimos con mis abuelos. Mi abuela **María** tiene el pelo rojo. Mi abuelo **José** tiene gafas.

Un besito

Graciela

2 📖 Graciela sends a text with a photo. Read the message and answer the questions.

a Who is the woman in the photo?
b What is the woman's relationship to the man in the photo?
c How old is the baby?

Mi prima Lorena y su marido tienen un bebé. Se llama Miguel y tiene cuatro meses.

3 📖 Graciela sends another text with a photo. Read the message and answer the questions.

a Who is Sandra?
b How is Ana related to Sandra?
c Where do they live?

Esta es mi tía Sandra con su pareja Ana. Viven en un piso cerca de mi casa.

la familia	family
la madre	mother
la madrastra	stepmother
el padre	father
el padrastro	stepfather
el hermano	brother
el hermanastro	stepbrother
la hermana	sister
la hermanastra	stepsister
el abuelo	grandfather
la abuela	grandmother
los abuelos	grandparents
el primo	cousin (male)
la prima	cousin (female)
el marido	husband
la mujer	woman, wife
el bebé	baby
el tío	uncle
la tía	aunt
el / la pareja	partner

14   catorce

People and lifestyle Theme 1

4 🎧 **Listen to these people talking about members of their family. Choose the correct adjective from the table to describe each family member.**

A	boring
B	fun
C	good
D	happy
E	interesting

F	lively
G	nice
H	popular
I	silly
J	sporty

1. aunt, uncle
2. grandfather, grandmother
3. brother, stepsister
4. boy cousin, girl cousin
5. mother, stepfather

bueno/a	good
deportivo/a	sporty
interesante	interesting
popular	popular
simpático/a	nice, friendly
feliz	happy
aburrido/a	boring
tonto/a	silly
animado/a	lively
divertido/a	fun

Healthy living and lifestyle

5 📖 **Read what each person says about their lifestyle. Choose the correct number for the food / drink that each one mentions and the correct letter for the exercise.**

a Andrés
Juego al baloncesto todos los sábados. Mi problema es que como demasiados caramelos.

b Daniela
Yo como cinco porciones de fruta y verduras cada día, pero no hago mucho ejercicio.

c Rodrigo
No me puedo resistir a las hamburguesas con patatas fritas. Doy un paseo todos los días.

d Laura
Tomo el café con mucho azúcar. Soy miembro de un equipo de fútbol.

1	burger and fries
2	fruit and veg
3	too many sweets
4	sugary coffee

A	plays basketball
B	doesn't do much exercise
C	goes for walks
D	member of football team

jugar	to play
el baloncesto	basketball
hacer	to do, make
el ejercicio	exercise
dar un paseo	to go for a walk
el miembro	member
el equipo	team
el fútbol	football
ir	to go
la bicicleta	bicycle
la comida	food
la bebida	drink
el caramelo	sweet
la fruta	fruit
las verduras	vegetables
la sal	salt
el café	coffee
el azúcar	sugar
la hamburguesa	burger
las patatas fritas	chips, fries
demasiado(s)	too much, too many

quince 15

Theme 1 — People and lifestyle

6 🎧 **Listen to five people talking about what they eat or drink and what they don't like. Copy and complete the table with the correct letters for each speaker (1–5).**

	Eats / drinks	Does not eat / drink
1		

- a — carne roja
- b — café
- c — pan
- d — leche
- e — manzanas
- f — pescado
- g — uvas
- h — pollo
- i — tomates
- j — naranjas

Education

7 📖 **Pablo is describing a typical Monday for him, but his sentences are out of order. Put them in the correct order (1–12).**

A	A las tres, como con mi familia.
B	Después de la tercera clase, hay un recreo.
C	Después del inglés tenemos religión.
D	Durante el recreo como un bocadillo.
E	La segunda clase es inglés.
F	Las clases terminan a las dos y media.
G	Me lavo y me visto.
H	Me levanto a las siete.
I	Mi primera clase empieza a las ocho.
J	Tenemos tres clases más, después del descanso.
K	Desayuno antes de ir al colegio.
L	Vuelvo a casa.

comer	to eat	vestirse	to get dressed
la comida	food, meal	levantarse	to get up
después de	after	empezar	to start, begin
la clase	class	tener	to have
el recreo	break, break time	más	more
el bocadillo	sandwich	el descanso	rest, break
primero	first	el desayuno	breakfast
segundo	second	el colegio	school
terminar	to finish, to end	volver	to return, go back
lavarse	to have a wash	la casa	house, home

16 dieciséis

People and lifestyle — **Theme 1**

8 Listen to five people (1–5) describing what they do in different subjects at school. Which subject is each one describing? Write the correct letter from the table.

A	biología	E	geografía
B	dibujo	F	historia
C	educación física	G	informática
D	francés	H	matemáticas

el inglés	English
la religión	Religious Education (R.E.)
la biología	Biology
la educación física	P.E.
el francés	French
la geografía	Geography
la historia	History
la informática	ICT
las matemáticas	Maths
las ciencias	Science

Work

9 Match these descriptions to the correct pictures.

1. Trabajo en una empresa grande. Uso el ordenador mucho, contesto el teléfono y organizo el horario de mi jefe.

2. Escribo artículos para revistas y periódicos; también entrevisto a personas importantes. El trabajo es muy interesante.

3. Yo ayudo a las personas que están enfermas o que han tenido un accidente. Organizo sus medicinas y les doy consejos sobre su salud.

4. Cuando la gente viene a cenar, los llevo a la mesa, les sirvo la comida y las bebidas y les doy la cuenta.

5. Trabajo en un colegio y enseño matemáticas a los alumnos. Preparo las clases y corrijo los deberes.

6. Puedes verme andando por las calles de la ciudad, normalmente con otro colega. Somos responsables de evitar la violencia y los robos, y de proteger a la gente.

7. Toco la guitarra y soy miembro de un grupo. Hacemos conciertos en muchos sitios, a veces también en estadios.

10 Now choose the correct word in Spanish for each picture.

1. el / la médico/a
2. el / la profesor/a
3. el / la empleado/a de oficina
4. el / la camarero/a
5. el / la policía
6. el / la músico
7. el / la periodista

diecisiete 17

1.1G ¿Cómo es?

OBJECTIVES
- Physical description
- Adjectives
- *ser* and *tener*
- Pronunciation *ñ*

1 This is the '*Monstruitos*' family. Write the name of the character that fits each description (a–f).

a Es una mujer delgada. Tiene el pelo largo, blanco y negro.
b Es muy alto con el pelo corto y moreno. Es el padre de la familia.
c Es un hombre bastante bajo. Tiene el pelo corto y negro.
d Es feo y gordo. Tiene el pelo blanco y negro.
e Tiene el pelo largo y rubio. Es la hija de la familia y es guapa.
f Es un chico pequeño y tiene el pelo rojo. Tiene gafas.

2 Complete the sentences with the correct form of the adjectives in brackets.

a Susana es una chica muy ___ (*alto*).
b Mis gafas son ___ (*rojo*).
c Los niños son muy ___ (*pequeño*).
d Pablo tiene el pelo bastante ___ (*largo*).
e Los hombres en mi familia son ___ (*bajo*) en general.
f Hay un gato ___ (*negro*) en el jardín.
g Mi madre, Luisa, es una mujer ___ (*delgado*).
h Mis hijas son muy ___ (*guapo*).
i Todos mis hijos tienen el pelo ___ (*moreno*).
j Las chicas en la familia son ___ (*rubio*).

Gramática

Adjectives
These 'describing words' usually come after the noun.
Example: *el pelo **largo*** – **long** hair
Adjectives that end in *-o*, like *alto*, change their ending to match or agree with the noun they describe. The endings are *-o* (masc. sing.), *-a* (fem. sing.), *-os* (masc. pl.), *-as* (fem. pl.).

Examples:
un chico pequeño
una familia pequeña
chicos pequeños
familias pequeñas

Remember that the adjective still agrees, even when it is not next to its noun.
Example: ***La chica** del dibujo es muy **guapa**.*

Pronunciación

ñ

The *ñ* sound in *pequeño* is pronounced like the 'ni' in 'onion'.
Examples: *España, señor, año*

dieciocho

Identity and relationships with others 1.1G

3 These teenagers have forgotten the names of the celebrities they are talking about. Listen to the descriptions. Which celebrity is each speaker describing?

A   B   C   D

4 Complete the sentences with the correct form of the verbs in brackets.

a   Mis padres ___ (tener) el pelo moreno.
b   Mis hermanos y yo ___ (ser) rubios.
c   Tengo el pelo oscuro y ___ (ser) bastante alto.
d   Mira, Marta, en esta foto eres muy joven y ___ (tener) el pelo muy largo.
e   Nuestro perro ___ (ser) un poco gordo.
f   Soy bastante alta y ___ (tener) los ojos marrones.
g   Mi hermano es delgado y ___ (tener) gafas.
h   Mis abuelos ___ (ser) bajos y tienen el pelo gris.
i   Mis hermanos y yo ___ (tener) un gato pequeño y blanco.
j   Tomás, ¡___ (ser) muy alto! ¿Casi dos metros?

Los verbos

ser and tener

This is the complete conjugation of the present tense of two very important verbs: *tener* (to have) and *ser* (to be).

tener	to have
tengo	I have
tienes	you (sing.) have
tiene	he, she, it has
tenemos	we have
tenéis	you (pl.) have
tienen	they have

ser	to be
soy	I am
eres	you (sing.) are
es	he, she, it is
somos	we are
sois	you (pl.) are
son	they are

5 Translate these sentences into Spanish.

a   I have a white cat.
b   My sister is very tall.
c   They have glasses.
d   My father is tall and fair.
e   I have long, black hair and brown eyes.

6 Work with a partner. Cover up the descriptions in activity 1 and describe a character from the picture of the *Monstruitos* family. Your partner must guess who you are describing.

Es	un hombre una mujer un chico una chica un gato	alto/a. bajo/a. delgado/a. gordo/a. feo/a. guapo/a. pequeño/a.
Tiene	el pelo	corto / largo. blanco / negro. moreno / rubio. rojo / gris.
	gafas.	

¡Atención!

When you have two adjectives together, such as '**short, blond** hair' or '**small, black** cats', put both adjectives together after the noun, with 'y' in between. Remember to make both adjectives agree.

- **short, blond** hair – pelo **corto y rubio**
- **small, black** cats – gatos **pequeños y negros**

diecinueve 19

1.1F ¿Qué tipo de persona eres?

OBJECTIVES
- Talking about personality
- Adjective agreement
- *ser* and *estar*
- Pronunciation *ce, ci*

1 A new TV series set in a high school is starting in Argentina. Read the descriptions of the main characters and answer the questions.

Estos cinco estudiantes son buenos amigos. Graciela es una chica feliz, pero un poco nerviosa – especialmente con los animales. En el instituto, es perezosa. Óscar es muy listo y responsable; es muy trabajador y piensa que las ciencias son fáciles. Silvia es fuerte e independiente. Le gusta mucho el baloncesto y es miembro de un club deportivo. Raúl es muy divertido y gracioso; tiene una personalidad alegre y simpática. Miguel es más práctico que los otros y es muy artístico. Es un chico tranquilo.

Which character would say each of the following?

a I want to do it on my own.
b My favourite subjects are Physics and Chemistry.
c I really enjoy drawing.
d I don't really feel like doing my homework.
e Let's go and cheer up our friend who is upset.
f Don't worry, I know how to solve this difficulty.
g Shall we have a game of basketball?
h I've just heard a really good joke!
i I can't walk past that house where there is a big dog.
j Hey, I got 100% in the Physics exam!

2 Complete the sentences with the correct form of the adjectives in brackets and then translate the sentences into English.

a Los perros están muy ___ (*tranquilo*) hoy.
b Mis hijas son muy ___ (*listo*) y ___ (*serio*).
c Creo que las ciencias son muy ___ (*difícil*).
d Los estudiantes nunca son ___ (*perezoso*).
e Mi hermana es ___ (*responsable*) y ___ (*trabajador*).
f Mis amigos son ___ (*alegre*) y ___ (*simpático*).
g Antonio es un chico bastante ___ (*independiente*).
h Mi madre es ___ (*artístico*) y ___ (*simpático*).
i Los estudiantes de esta clase son ___ (*trabajador*) y ___ (*feliz*).
j María es una persona ___ (*fuerte*) y ___ (*práctico*).

Gramática

Adjective agreement

As well as adjectives ending in -o, there are other types, too. This is how they all agree:

masc. sing.	fem. sing.
-o (list**o**)	-a (list**a**)
-e (responsabl**e**)	-e (responsabl**e**)
-l (fáci**l**)	-l (fáci**l**)
-r (trabajado**r**)	-ra (trabajado**ra**)
-z (feli**z**)	-z (feli**z**)

masc. pl.	fem. pl.
-os (list**os**)	-as (list**as**)
-es (responsabl**es**)	-es (responsabl**es**)
-les (fáci**les**)	-les (fáci**les**)
-res (trabajado**res**)	-ras (trabajado**ras**)
-ces (feli**ces**)	-ces (feli**ces**)

20 veinte

Identity and relationships with others 1.1F

3 🎧 **Listen to four people describing themselves. Which three adjectives do each of them use? Write the correct letters from the table.**

1 Paula
2 Luis
3 Sofía
4 Jorge

A	active	E	fun	I	independent	M	practical
B	artistic	F	funny	J	lazy	N	responsible
C	calm	G	happy	K	nervous	O	serious
D	difficult	H	hard-working	L	nice	P	sporty

4 🎧 **Listen to this short description and write it down in Spanish. You will hear it three times: once in full, then in sections and finally in full one more time.**

5 🎯 **Choose the correct form of *ser* or *estar* to complete the sentences.**

a Mis hermanos **sois / son / estamos** prácticos.
b Muy bien, Carlos; ¡**es / estáis / eres** muy listo!
c Los perros **son / estamos / están** en el jardín.
d Tengo un examen hoy y **soy / estoy / eres** muy nervioso.
e Normalmente Ana **eres / es / están** muy alegre, pero hoy **está / es / soy** un poco seria.
f En general yo **soy / es / estoy** muy activa, pero esta mañana **soy / estoy / está** cansada.
g Mis amigos y yo **están / somos / estamos** en mi dormitorio, jugando a videojuegos.

6 💬 **Work with a partner and use your imagination to describe the personalities of these young people.**

Lorena
Jaime
José
Lucía

7 ✏️ **Choose three people that you know, either friends or family. Write two sentences about each one to describe their personality.**

Pronunciación

ce, ci

In Spanish pronunciation, when *c* is followed by *e* or *i*, it is pronounced like 'th' in the English word 'thin'.
Examples: fá**ci**l, difí**ci**l, **ce**ntro, do**ce**

In Central and South America, *c* followed by *e* or *i* is pronounced just like 's'.

Los verbos

ser and estar

The two verbs 'to be' in Spanish are *ser* and *estar*. When they are followed by an adjective, *ser* is used if the adjective describes a permanent characteristic (like 'clever' or 'artistic'). *Estar* is used if the adjective is a temporary state (like 'nervous' because you have a test, or 'serious' because you are concentrating on something).

When you are saying where someone or something is, always use *estar*.

Estoy en casa. I am at home.
El libro está en la mesa. The book is on the table.

This is the present tense of *ser* and *estar*:

ser	estar	
soy	estoy	I am
eres	estás	you (sing.) are
es	está	he/she/it
somos	estamos	we are
sois	estáis	you (pl.) are
son	están	they are

veintiuno 21

1.2G Las relaciones familiares

OBJECTIVES
- Family relationships
- Possessive adjectives: *mi(s)*, *tu(s)* and *su(s)*
- Irregular verbs: *ir, hacer, salir*

1 📖 Read what these young people say and answer the questions below.

a Which ones have a positive relationship with a sister or brother?
b Which ones get involved in sport with a member of the family?
c How does Andrés feel about his grandparents?
d How do we know Fátima gets on well with her cousin?
e What does Carlos say about his uncle and aunt?
f How does Blanca get on with her sister?
g What does Diana say about her relationship with her mother?
h Who looks after a younger member of the family?

2 🎯 Choose the correct form of the irregular verbs to complete the sentences.

a Mi padre **hago** / **haces** / **hace** las compras con mi madrastra.
b Yo **voy** / **vas** / **va** al estadio con mi padre.
c Daniel **salgo** / **sales** / **sale** con sus primos los fines de semana.
d ¿**Voy** / **Vas** / **Va** al instituto con tu hermano? (you, sing.)
e Yo **hago** / **haces** / **hace** paella con mi madre los domingos.
f ¿**Salgo** / **Sales** / **Sale** a cenar esta noche? (you, sing.)
g Mis primos **vas** / **vais** / **van** de vacaciones con los abuelos.
h Yo **salgo** / **sales** / **sale** con mis primos los sábados.
i Mi hermano **voy** / **vas** / **va** al fútbol con mi tío.
j María, eres muy activa y **hago** / **haces** / **hace** mucho deporte.

Andrés: Respeto a mis abuelos.
Diana: Discuto con mi madre.
Carlos: Me llevo bien con mis tíos.
Blanca: Me peleo con mi hermana.
Fátima: Salgo al cine con mi prima.
Gael: Cuido a mi hermano pequeño.
Erik: Hago deporte con mi hermano.
Inés: Voy al fútbol con mi padrastro.

Los verbos

Irregular verbs

Some very common verbs are irregular in the present tense. Here are the verbs *ir* (to go), *salir* (to go out / leave) and *hacer* (to do / make):

ir	to go	salir	to go out / to leave	hacer	to do / to make
voy	I go	salgo	I go out	hago	I do / make
vas	you (sing.) go	sales	you (sing.) go out	haces	you (sing.) do / make
va	he, she, it goes	sale	he, she, it goes out	hace	he, she, it does / makes
vamos	we go	salimos	we go out	hacemos	we do / make
vais	you (pl.) go	salís	you (pl.) go out	hacéis	you (pl.) do / make
van	they go	salen	they go out	hacen	they do / make

veintidós

Identity and relationships with others — 1.2G

3 Listen to eight people talking about their relationships with a member of their family. Match the relationships (A–H) to the family members (1–8).

	Relationship
A	argues with
B	cares for
C	fights with
D	gets on well with
E	goes out with
F	goes shopping with
G	plays sport with
H	respects

	Member of family
1	aunt and uncle
2	brother
3	cousin
4	father
5	grandfather
6	grandmother
7	stepmother
8	sister

4 Complete the sentences with the correct Spanish form of the possessive adjectives in brackets.

a Voy al estadio con ___ (my) tíos.
b Hace deporte con ___ (her) prima.
c ¿Cuidas a ___ (your) hermanos?
d Sale con ___ (his) padres.
e Me llevo bien con ___ (my) madrastra.
f Leo discute con ___ (his) hermana.
g Respetas a ___ (your) abuelo.
h Me peleo con ___ (my) primos.
i Cuida a ___ (her) abuelos.
j ¿Vas de vacaciones con ___ (your) padres?

Gramática

Possessive adjectives: *mi, tu, su*

To say 'my', 'your', 'his' and 'her', select the word from the box below. Add an 's' if the following word is plural. For example: my cousin – *mi primo*, my cousin**s** – *mi**s** primo**s***

	singular	plural
my	*mi*	*mis*
your	*tu*	*tus*
his, her	*su*	*sus*

5 Translate the sentences in activity 4 into English.

6 Work with a partner to tell them about your relationships. You could talk about members of your family, friends or people you know. You can use the ideas in the table.

Me llevo bien con *Salgo con* *Discuto con* *Me peleo con*	*mi(s)*	*madre(s).* *padre(s).* *madrastra.* *padrastro.* *abuelo(s).* *abuela(s).* *tío(s).* *tía(s).* *hermano(s).* *hermana(s).* *primo(s).* *prima(s).* *amigo(s).* *amiga(s).*
Cuido a *Respeto a*		
Voy	*al cine* *al estadio* *al fútbol* *al restaurante* *de vacaciones*	*con*
Hago	*deporte* *ejercicio* *actividades*	

veintitrés 23

1.2F Los amigos

OBJECTIVES
- Relationships with friends
- Possessive adjectives
- Reflexive verbs
- Pronunciation z

1 Julia has done a magazine quiz. Read the answers that she has ticked and answer the questions.

¿Eres un buen amigo?

¿Cómo te llevas con tus amigos?
- Nuestras relaciones son bastantes buenas. ☐
- Me llevo muy, muy bien con mis amigos. ✓
- A veces discutimos. ☐

¿Escuchas a tus amigos?
- Escucho a mis amigos cuando tienen problemas. ✓
- Sí, pero hablan demasiado. ☐
- Claro, y ellos me escuchan a mí también. ☐

¿Te pones en contacto con ellos con frecuencia?
- Sí, hablo con mis amigos todos los días. ✓
- Cuando me acuerdo. ☐
- Solo en el instituto. ☐

¿Hay algo en tus relaciones con tus amigos que te preocupa?
- Me preocupo si mis amigos no contestan mis mensajes de texto. ✓
- Sí, cuando mis amigos salen sin mí. ☐
- No, no hay ningún problema. ☐

¿Guardas secretos?
- No, en eso soy fatal. ☐
- Normalmente, pero no siempre. ☐
- Siempre guardo los secretos de mis amigos. ✓

¿Te peleas con tus amigos?
- Al menos una vez a la semana. ☐
- Con algunos, sí, porque me molestan. ☐
- Raramente me peleo con mis amigos. ✓

¿Cuál es la definición de 'buen amigo'?
- Siempre está ahí para sus amigos. ✓
- Te ayuda si tienes un problema. ☐
- Tenéis mucho en común. ☐

How do you know that Julia...?

a is a good listener
b is not argumentative
c has a good relationship with friends
d can be trusted not to gossip about her friends
e keeps in touch with her friends
f sometimes gets anxious about her friendships
g would be a good friend to have, according to her definition

2 A boy is telling his father about two friends, Mateo and Pablo. What does he mention about each one? Write down the correct letters for each friend. You will not need all the options.

A	can't be trusted
B	gets on very well
C	has a lot in common
D	is good fun
E	quite sporty

F	fighting
G	very different
H	a good listener
I	patient
J	lazy

Pronunciación

z

In Spanish pronunciation, the letter z is always pronounced like 'th' in 'thin' (just like the c in ci and ce.) The sound z is used instead of c when the following vowels are a, o or u; also, when the 'th' sound comes at the end of the word.

Examples: **za**pato, **zo**na, a**zu**l, actri**z**

In Central and South America (and some parts of southern Spain), the letter z is pronounced just like 's'.

24 veinticuatro

Identity and relationships with others 1.2F

3 🎧 Listen to a short description and write it down in Spanish. You will hear it three times: once in full, then in sections and finally in full one more time.

4 ⭐ Choose the correct possessive adjective to complete the sentences.

a Creo que **nuestro** / **nuestros** / **nuestras** padres son muy pacientes.
b A veces me peleo con **mi** / **mis** / **sus** amiga.
c ¿Te llevas bien con **tu** / **tus** / **mi** amigos?
d Los niños se preocupan por **vuestros** / **mis** / **su** perro.
e Carlos, te pareces mucho a **sus** / **vuestra** / **tu** hermano.
f Mi hija se lleva bien con **su** / **sus** / **mi** amigas.
g Voy al estadio con **mi** / **vuestro** / **mis** amigos.
h Hijos, ¿por qué os peleáis con **vuestro** / **vuestros** / **vuestras** primos?
i Mi hermano y yo vamos al fútbol con **nuestro** / **su** / **nuestros** padrastro.
j El profesor siempre escucha **nuestro** / **nuestros** / **nuestras** ideas.

5 🎯 Complete the sentences with the correct pronoun (*me*, *te*, *se*, *nos*, *os*).

a Mi hermano ___ parece mucho a nuestro padre.
b Tú ___ levantas muy temprano.
c Yo ___ preocupo por mi amiga.
d El actor ___ divorcia de su mujer.
e ¿Cómo ___ llamas?
f Yo ___ peleo con mis compañeros todo el rato.
g Laura ___ casa con Martina el sábado.
h Mis padres ___ preocupan mucho por mi hermano.
i Los domingos ___ levantáis tarde.
j Daniel y yo ___ casamos el año próximo.

6 💬 Work with a partner. Look back at the vocabulary in the quiz in activity 1. Take turns to tell your partner what a marvellous friend you are!

7 ✏️ Write six sentences beginning with the phrase *El amigo ideal…* or *La amiga ideal….*

pelearse	to fight
preocuparse por	to worry about
casarse con	to get married to
levantarse	to get up
divorciarse	to get divorced
parecerse a	to look like
llevarse bien / mal con	to get on well / badly with

Gramática

Possessive adjectives

These adjectives agree with the **following** word.

	masc. sing.	fem. sing.
my	mi	
your (sing.)	tu	
his / her / its	su	
our	nuest**ro**	nuest**ra**
your (pl.)	vuest**ro**	vuest**ra**
their	su	

	masc. pl.	fem. pl.
my	mi**s**	
your (sing.)	tu**s**	
his / her / its	su**s**	
our	nuest**ros**	nuest**ras**
your (pl.)	vuest**ros**	vuest**ras**
their	su**s**	

Los verbos

Reflexive verbs

There are several reflexive verbs in Spanish, more than in English. A reflexive verb is one that has a pronoun with it, like 'I enjoy **myself**', or 'he hurt **himself**'. The verb is formed in the normal way, but it needs a pronoun (the '-self' word) with it. You will know which verbs are reflexive because they have *-se* on the end of the infinitive.

This is *llamar***se** (to be called) in the present tense.

me *llamo*	I am called (literally 'I call myself')
te *llamas*	you (sing.) are called
se *llama*	he, she, it is called
nos *llamamos**	we are called
os *llamáis**	you (pl.) are called
se *llaman**	they are called

* Higher tier only

veinticinco 25

2.1G La vida sana

OBJECTIVES
- Healthy lifestyle
- Question words
- Expressions using *tener*

1 Look at the pictures and complete the sentences with the correct word from the box below.

baile   paseo   bicicleta   baloncesto   pie   piscina

a Doy un ___ con el perro.

b Me gusta montar en ___.

c Los domingos voy a la ___.

d Voy al instituto a ___.

e Yo voy a clases de ___.

f Soy miembro de un club de ___.

2 Read what six people say about their diet. For each one, select the correct letter from the table. There are two options you don't need.

A	avoids adding salt
B	eats a lot of fruit
C	cuts out bread
D	prefers white meat to red

E	never fries food
F	has a vegan diet
G	always has salad for lunch
H	eats a lot of fish

Person 1: 'En el instituto, no tomo bocadillos; evito comer demasiado pan.'

Person 2: 'Tomo mucho pescado porque vivo cerca del mar.'

Person 3: 'Evito la carne roja; prefiero el pollo.'

Person 4: 'Cuando preparo las comidas, no pongo sal.'

Person 5: 'Como muchas manzanas, naranjas y uvas.'

Person 6: 'No tomo carne ni pescado. Evito todos los productos de origen animal.'

3 Listen to seven people talking about their lifestyle. For each one, write down what exercise they do and what they say about their diet.

Healthy living and lifestyle 2.1G

4 Translate these sentences into English.
a Tengo hambre; voy a comer una manzana.
b ¿Tienes sed? Toma un vaso de agua. (*Toma* = Have)
c Tengo sueño. Voy a la cama.
d Tienes que tomar más fruta.
e Es importante tener cuidado cuando pones sal en la comida.

5 Complete the questions with the correct question word.
a ¿___ vas a la piscina? Porque me gusta nadar.
b ¿___ bebes con el desayuno? Bebo zumo de naranja.
c ¿___ vas al gimnasio? Voy los martes y los jueves.
d ¿___ guardas tu bicicleta? Guardo mi bici en el garaje.
e ¿___ vas al instituto? Voy en bicicleta.
f ¿___ sales a pasear? Doy un paseo por la tarde.
g ¿___ no comes el bocadillo? Porque no quiero comer mucho pan.
h ¿___ compras la fruta? Compro la fruta y la verdura en el mercado.

6 Look back at the useful vocabulary and expressions on this spread. Work with a partner to ask and answer these questions.
¿Qué ejercicio haces?
¿Cómo vas al instituto?
¿Cuándo haces deporte?
¿Qué bebes en general?
¿Qué comida evitas?

Los verbos

Expressions using *tener*
The following phrases use the verb *tener*.
tener hambre – to be hungry
tener sed – to be thirsty
tener sueño – to be sleepy
tener calor – to be hot
tener frío – to be cold
tener cuidado – to take care, to be careful
tener que + infinitive – to have to; has / have got to

Gramática

Question words
It is very important to be able to recognise and use question words. These question words are invariable (they never change). Notice they all have accents and the upside-down question mark at the front.
¿qué? – what?
¿cuándo? – when?
¿dónde? – where?
¿cómo? – how?
¿por qué? – why?

7 A Spanish friend texts you. Write answers to his / her questions.
a ¿Llevas una vida sana?
b ¿Qué tipo de comida tomas?
c ¿Qué cosas evitas?
d ¿Qué deportes haces?
e ¿Tomas comida rápida?

Soy miembro de un club	de baloncesto / de fútbol.	
Hago	deporte / natación	todos los días. cada semana. los lunes / martes / miércoles / jueves / viernes / sábados / domingos.
Voy	a clases de baile / a la piscina / al gimnasio	
Salgo	a pasear / a correr	
Doy	paseos	
Voy al instituto	a pie / en bicicleta	
En general, bebo	bastante	agua / leche. zumo de naranja.
Evito comer	demasiado/a	sal / carne roja / comida frita. pan / azúcar.

veintisiete 27

2.1F ¿Estás en forma?

OBJECTIVES
- Keeping fit
- *al* and *del*
- Radical-changing verbs
- Pronunciation *ll*

1 Who said what? Match the statements to the correct person.

Darío
La actividad que prefiero es el baile hip hop. Voy a clases en un estudio con otros jóvenes. Tienes que ser muy fuerte y es muy rápido. Pienso que tengo una dieta equilibrada y evito comer mucha grasa. Por supuesto, nunca fumo.

Olivia
Me encanta nadar y soy miembro de un club de natación. Me entreno en la piscina cuatro veces a la semana. Llevo una dieta sana – pescado, pollo y todo tipo de fruta. Evito la comida rápida (pero a veces me gusta comer patatas fritas).

Alicia
Yo juego en un equipo de baloncesto. Entrenamos los sábados y hay partidos los domingos. Este año esperamos ganar la copa. Como muchos platos vegetarianos y un montón de verduras. Los fines de semana me permito una hamburguesa.

a I go training several times a week.
b I take part in competitive sport on Sundays.
c Occasionally I might have some chips.
d It's a really fast activity.
e I love all types of fruit.
f Smoking? No way!
g I keep off meat a lot of the time.
h This needs good body strength.
i Our team should do well this season.
j I avoid fatty food.

2 Listen to five people talking. For each person (1–5), write down the exercise they do and the food or meal that they mention.

Cultura

The two most popular sports in Spain are football and basketball. Among the top ten are also tennis, golf, cycling and swimming. A fast-growing sport is 'pádel' or 'paddle tennis'. This has around 2 million players and is similar to tennis, but is played with four people and uses different shaped rackets.

In South America, football is by far the most popular sport. In Central America, baseball has a large following due to the influence of their neighbour, the United States.

28 veintiocho

Healthy living and lifestyle — 2.1F

Los verbos

Radical-changing verbs

A number of Spanish verbs have a spelling change in the stem of certain persons of the verb. The endings follow the usual rules. This is how the three verb types behave.

	'e' changes to 'ie' *pensar* (to think)	'o' changes to 'ue' *volver* (to return)	'e' changes to 'i' *pedir* (to ask for)
I	pienso	vuelvo	pido
you (sing.)	piensas	vuelves	pides
he/she/it	piensa	vuelve	pide
we	pensamos	volvemos	pedimos
you (pl.)	pensáis	volvéis	pedís
they	piensan	vuelven	piden

Other 'e' > 'ie' verbs: d*i*vertirse, ent*e*nder, qu*e*rer, c*e*rrar, emp*e*zar, p*e*rder
Other 'o' > 'ue' verbs: p*o*der, c*o*ntar, d*o*rmir, c*o*star, enc*o*ntrar, m*o*strar, pr*o*bar
Other 'e' > 'i' verbs: rep*e*tir, v*e*stir(se)

3 Complete the sentences with the correct form of the verbs in brackets.

a Mi hermano ___ (*volver*) de jugar al fútbol con el equipo de su instituto.
b ¿Tú ___ (*pensar*) que tienes una dieta sana?
c La chica normalmente ___ (*pedir*) agua con las comidas.
d ¿___ (*volver*) ahora del partido de baloncesto con tus amigos?
e Yo evito la grasa y ___ (*pedir*) hamburguesas bajas en grasa.
f Yo ___ (*pensar*) que es importante tener una dieta equilibrada.
g ¿Por qué ___ (*pedir, tú*) patatas fritas? Tienen mucha sal.
h Chicos, ¿qué ___ (*pensar, vosotros*) de la comida rápida?
i Mi hermano y yo ___ (*volver*) del colegio con nuestro padre.
j Los niños siempre ___ (*pedir*) caramelos en el supermercado.

4 Complete the sentences with the correct words from the box.

al (x2)   a la   a los   del (x2)   de la   de las

a No hago mucho ejercicio, pero voy ___ instituto en bicicleta.
b Mañana vamos ___ piscina.
c Los beneficios ___ deporte son muy claros.
d El agua ___ piscina está muy fría.
e Los miembros ___ club se entrenan para ganar.
f No me gusta hacer deporte, pero voy ___ estadio para ver el fútbol.
g ¿Vas ___ partidos cuando tu equipo juega en casa?
h El precio ___ hamburguesas es muy caro.

5 Work with a partner. Student A reads aloud Darío's text in activity 1. Student B suggests any corrections needed in pronunciation and then asks these questions for Student A to answer.

¿Qué actividad prefiere Darío?
¿Cómo describe el baile?
¿Cómo es su dieta?

Student B now reads aloud Olivia's text and answers the questions.

¿Cuál es su deporte favorito?
¿Cuándo entrena?
¿Qué más come?

6 Write a paragraph about your exercise, what you eat and what you avoid.

Example: La actividad que prefiero es… Tengo una dieta (bastante) sana porque como… Evito…

Pronunciación

ll

The double *l* is pronounced like the 'li' in 'million'. Examples are: *pollo, me llamo*.

In some parts of Spain 'll' can be pronounced like a 'y' or even like the English 'j'.

Gramática

al and del

When *de* (of, from) and *a* (at, to) are followed by *el* (the masculine singular 'the'), they form one word, like this:

*Soy miembro **del** club de baloncesto.*
(*de + el*)

*Vamos **al** estadio cuando juega nuestro equipo.*
(*a + el*)

veintinueve

2.2G Salir a comer

OBJECTIVES
- Eating out
- Adjectives of nationality
- *tener que* and *deber*

1 Read these restaurant reviews and answer the questions.

1 El Chamizo — restaurante español
Restaurante español – tiene platos típicos como paella y una variedad de tapas.

2 Los Palillos — restaurante chino
Comida china muy rica – los platos con pollo son los favoritos de los clientes.

3 Vistamar — marisquería
Sirve productos del mar. Los turistas ingleses vienen aquí por el pescado con patatas fritas.

4 Las Flores — comida saludable
Para los que quieren comida sana, aquí sirven ensaladas vegetarianas y fruta fresca.

5 El Bocado — cafetería
Si solo quieres un bocadillo y un café, *El Bocado* es el lugar ideal.

6 El París — restaurante francés
Restaurante con platos franceses – tienes que probar los dulces.

Which restaurant would you recommend to these people?

a 'I just want a fresh, healthy lunch after going to the gym.'
b 'Where can we go for real Spanish food?'
c 'My favourite part of a meal is the dessert!'
d 'I like Asian-style cooking best.'
e 'I'm just looking for a quick snack.'
f 'We especially like seafood.'
g 'I'd like to try somewhere that does French dishes.'
h 'Is there a place where people recommend the chicken?'

2 Listen to six people (1–6) ordering in a restaurant. What do they order?

3 Translate these sentences into Spanish.
a You must drink more water.
b You have to go to the Spanish restaurant.
c I must try the fish.
d I have to eat more vegetables.
e You must try the chicken.
f You have to drink less coffee.
g I must eat more vegetarian dishes.
h I have to try the tapas.

Los verbos

tener que and deber

The following two verbs are important to learn: *tener que* + infinitive (to have to, to have got to) and *deber* + infinitive (must). To use them, put the verb *tener* or *deber* into the present tense, then add the infinitive. Don't forget to add *que* after *tener*.

Examples:
Tengo que salir. – I have to go out.
Debes comer más fruta. – You must eat more fruit.

30 treinta

Healthy living and lifestyle 2.2G

4 Complete the sentences with the correct form of the adjectives in brackets.

a   Los platos ___ (*chino*) son mis favoritos.
b   La dieta ___ (*español*) es muy sana.
c   Los dulces ___ (*francés*) son muy famosos.
d   No conozco la comida ___ (*alemán*) muy bien.
e   La comida ___ (*argentino*) tiene mucha carne.
f   Los vinos ___ (*chileno*) son muy buenos.
g   La cocina ___ (*inglés*) no es muy popular en Europa.
h   Las ensaladas ___ (*español*) son muy variadas.
i   La gente ___ (*europeo*) toma mucho pescado.

Gramática

Adjectives of nationality

You have already seen how -*o* type adjectives behave, and adjectives of nationality, like *cubano*, *europeo* and *mexicano*, follow the same pattern. However, some adjectives of nationality behave differently. Here is how they all agree with the noun they describe:

masculine singular	feminine singular	masculine plural	feminine plural
chin**o**	chin**a**	chin**os**	chin**as**
español	española	españoles	españolas
inglés	inglesa	ingleses	inglesas
alemán	alemana	alemanes	alemanas
francés	francesa	franceses	francesas

5 Take it in turns with a partner to order these items. Start with *Quiero* (I want) or *Para mí* (For me).

Quiero Para mí,	pescado pollo jamón	con	verduras. patatas fritas. ensalada. huevos fritos.
	un bocadillo	de	jamón. tomate.
	una ensalada		de frutas.
	un café. agua.		

¡Atención!

patatas fritas literally means 'fried potatoes'. Work out which word means 'fried' and make it agree with eggs (*huevos*).

Be careful with word order. You need to say 'a sandwich of ham and tomato' and 'a salad of fruit'.

treinta y uno   31

2.2F Tipos de dietas

OBJECTIVES
- Different types of diet
- Subject pronouns
- The immediate future tense
- Pronunciation *gue, gui*

1 📖 Read what three young people say about their diet. Complete the text with the correct words from the box.

| sur | falta | producto | carne | veterinaria |
| plantas | larga | corazón | medio ambiente | roja |

Pronunciación

gue, gui

When the letter *g* is followed by *ue* or *ui*, the *g* is hard, like the 'g' in 'garden'. The *u* is not pronounced, just like the 'u' in the English word 'guess' is not pronounced.

Examples: *hambur**gue**sa, se**gui**r, **gui**tarra, al**gui**en*

Valeria: Yo soy vegetariana – no como ni (**a**) ___ ni pescado. Me gustan mucho los animales y en el futuro voy a ser (**b**) ___. Como huevos y bebo leche. En general, es una dieta muy sana y no hay una (**c**) ___ de proteína porque puedes sacar proteína de muchos otros tipos de comida.

Marcos: Yo soy vegano. No como ningún (**d**) ___ de origen animal, toda mi comida viene de las (**e**) ___. Es una dieta buena para el (**f**) ___ y me ayuda a mantenerme sano. Lo más importante es que es bueno para el (**g**) ___.

Emma: Aquí en España, y en otras regiones del (**h**) ___ de Europa, seguimos la dieta mediterránea. Esta consiste en mucha verdura y fruta, bastante pescado y poca carne (**i**) ___. Es una dieta muy sana y los médicos dicen que, si sigues esta dieta, puedes vivir una vida más (**j**) ___ y más sana.

2 🎧 Listen to six people talking about different eating habits and answer the questions.

a
1. What does he think about the diets he sees online and in magazines?
2. What two things does he recommend for a healthy lifestyle?

b
1. What is her mother trying to do?
2. What does she do during the week?
3. What does she do at weekends?

c
1. What is most important to him?
2. How does he achieve this?

d
1. Where does her sister work?
2. What has she been having for lunches?
3. What does she plan to take for lunch in the future?

e
1. What does his little brother like?
2. What are his parents worried about?

f
1. What sort of diet does she have?
2. Now transcribe (write in Spanish) the two sentences that the girl says.

32 treinta y dos

Healthy living and lifestyle — 2.2F

3 **Translate these sentences into English.**
  a Va a beber más agua.
  b Voy a tomar el desayuno.
  c ¿Vas a ser veterinario?
  d Vamos a dormir.
  e Van a seguir una dieta sana.

4 **Translate these sentences into Spanish.**
  a I am going to eat a sandwich.
  b She is going to try the fish.
  c Are you (sing.) going to serve the food?
  d We are going to drink water.
  e They are going to avoid the chips.

5 **Write out the sentences with the correct subject pronoun. The verb ending or adjectives will tell you which one you need.**
  a Mi hermano come mucha carne, pero ___ prefiero el pescado.
  b Yo tomo el café con leche, ¿cómo lo tomas ___?
  c Estos son mis hermanos, José y Eva. ___ es vegetariano y ___ es vegana.
  d Salgo a cenar con mis amigos. Yo quiero comida china, pero ___ prefieren mexicana.
  e Vamos al restaurante francés. ¿Adónde vais ___?

6 **Work with a partner. Student A reads Valeria's text out loud from activity 1 and then Student B asks these questions.**

  ¿Qué no come Valeria?
  ¿Qué va a ser Valeria en el futuro?
  ¿Qué come y bebe Valeria?
  ¿Por qué no hay una falta de proteína?

Now reverse the roles and Student B reads and answers questions on Emma's text.

  ¿Qué tipo de dieta hay en España?
  ¿En qué otras regiones tienen una dieta mediterránea?
  ¿En qué consiste la dieta mediterránea?
  ¿Cómo afecta a tu vida esta dieta?

Los verbos

The immediate future

To talk about what is **going to** happen, use the verb *ir* (to go), add *a* and then the infinitive of the verb:

ir	a	infinitive	
voy		comer	I am going to eat
vas		beber	you (sing.) are going to drink
va	a	ayudar	he, she, it is going to help
vamos		probar	we are going to try
vais		descansar	you (pl.) are going to rest
van		dormir	they are going to sleep

Gramática

Subject pronouns

Spanish verbs don't usually need the subject pronoun (I, you, he, we, they, etc). This is because all the verb endings are different from each other, so it is usually clear who is doing the action of the verb. If you need to emphasise the subject of the verb, you can add the subject pronoun:

I	yo
you (sing.)	tú
he	él
she	ella
you (polite, sing.)	usted
we	nosotros, -as
you (pl.)	vosotros, -as
they (masc.)	ellos
they (fem.)	ellas
you (polite, pl.)	ustedes

Notice the polite forms of 'you': *usted* and *ustedes*. These go with the third persons singular and plural of the verb (*usted* + third person singular, *ustedes* + third person plural) and are used when you wish to show extra respect to the person you are talking to.

Cultura

The Mediterranean diet has come about because of the foods that are plentiful in southern Europe. It consists of plenty of fruit, vegetables, healthy fats like olive oil and nuts, moderate amounts of fish and seafood and low amounts of meat and dairy products.

treinta y tres

3.1G El día escolar

OBJECTIVES
- The school day
- Revising adjectives and colours
- Using *gustar*

1 Look at Mateo's timetable and answer the questions (a–j).

HORARIO					
HORAS	**LUNES**	**MARTES**	**MIÉRCOLES**	**JUEVES**	**VIERNES**
8:30 – 9:25	FRANCÉS	LENGUA Y LITERATURA	MATEMÁTICAS	MATEMÁTICAS	LENGUA Y LITERATURA
9:25 – 10:20	HISTORIA	INGLÉS	LENGUA Y LITERATURA	TECNOLOGÍA Y DIGITALIZACIÓN	MATEMÁTICAS
10:20 – 11:15	GEOGRAFÍA	MATEMÁTICAS	INGLÉS	LENGUA Y LITERATURA	CIENCIAS
11:15 – 11:45	RECREO	RECREO	RECREO	RECREO	RECREO
11:45 – 12:40	TECNOLOGÍA Y DIGITALIZACIÓN	HISTORIA	MÚSICA	HISTORIA	TECNOLOGÍA Y DIGITALIZACIÓN
12:40 – 13:35	CIENCIAS	TECNOLOGÍA Y DIGITALIZACIÓN	CIENCIAS	GEOGRAFÍA	EDUCACIÓN FÍSICA
13:35 – 14:30	DIBUJO	TUTORÍA	FRANCÉS	RELIGIÓN	EDUCACIÓN FÍSICA

a What time is break?
b What foreign languages does Mateo study?
c How many Technology and Digitisation classes does he have per week?
d What lesson does he have last on Monday?
e What is the last lesson of the week?
f What lesson comes first on Wednesdays and Thursdays?
g On which days does Mateo have Science lessons?
h What lesson is after break on Tuesday?
i What lesson comes before break on Mondays?
j What is Mateo's first class on Tuesdays and Fridays?

Cultura

The education system in Spain was reformed in 2022 and the new subject of Technology and Digitisation was added to the compulsory curriculum. Students now spend as much time on this new subject as they do on Spanish language and literature, and more than on Science, Geography or History.

2 Listen to five young people talking about their uniform. Select the correct letter for each item of clothing mentioned and the correct number for the colour.

34 treinta y cuatro

Education and work 3.1G

3 Complete the sentences with the correct form of the verb *gustar*.

a Me ___ la música.
b Me ___ los idiomas.
c Me ___ las ciencias.
d Me ___ la educación física.
e No me ___ el dibujo.

4 Translate these sentences into Spanish.

a I like History.
b I don't like Maths.
c I like the uniform.
d I like the ties.
e I don't like the timetable.

Los verbos

Using *gustar*

To say you like or do not like something, use *(no) me gusta* if what follows is singular. Use *(no) me gustan* when what you like or don't like is plural.

No me gusta la informática – I don't like ICT.
Me gustan las matemáticas. – I like Maths.

Notice than the article *el, la, los, las* is used after *gustar*.

Gramática

Revising adjectives and colours

	masculine singular	feminine singular	masculine plural	feminine plural
red	roj**o**	roj**a**	roj**os**	roj**as**
green	verd**e**	verd**e**	verd**es**	verd**es**
blue	azul	azul	azul**es**	azul**es**
grey	gris	gris	gris**es**	gris**es**
brown	marr**ón**	marr**ón**	marr**ones**	marr**ones**

negro – black   *blanco* – white   *amarillo* – yellow

5 Complete the sentences in Spanish making the adjectives in brackets agree with the noun they describe.

a Tengo una chaqueta ___ (yellow and black).
b Tenemos que llevar zapatos ___ (brown).
c Una corbata ___ (red) va bien con una chaqueta ___ (grey).
d Llevamos camisas ___ (grey); son muy aburridas.
e No puedes llevar zapatos ___ (blue) al instituto.
f Me gustan las faldas; son ___ (green).
g Normalmente, llevo una camisa ___ (white).

7 A Spanish friend wants to know about a typical school day. Write to your friend, explaining your timetable. You could use these phrases.

Las clases empiezan a…	Classes start at…
Mi primera clase el lunes es…	My first class on Monday is…
Hay un recreo a…	There is a break at…
Mi última clase el viernes es…	My last class on Friday is…
Tengo … dos / tres veces a la semana.	I have … two / three times a week.
Mi día favorito es … porque …	My favourite day is … because …
Las clases terminan a…	Lessons finish at…

6 Work with a partner and tell them which subjects you do and do not like. Then, describe what you wear for school. Your partner will make notes on what you say and check with you afterwards. Then, swap round.

Me gusta / No me gusta	el francés / inglés / dibujo. la historia / geografía / educación física / religión / tecnología. la lengua y literatura.	
Me gustan / No me gustan	las ciencias / matemáticas. los idiomas.	
En el instituto, llevo	una chaqueta una falda pantalones una camisa zapatos una corbata	rojo/a/os/as. blanco/a/os/as. negro/a/os/as. amarillo/a/os/as. gris / grises. marrón / marrones.

treinta y cinco 35

3.1F En el instituto

OBJECTIVES
- School facilities and rules
- Comparative adjectives
- Making sentences negative
- Pronunciation *que, qui*

1 📖 Read what these three young people say about their schools and answer the questions.

Antonio
Mi instituto es bastante grande y el edificio es viejo. Sin embargo, tenemos un gimnasio nuevo que me encanta porque mi clase favorita es educación física. También los campos de deporte son muy buenos. Los profesores explican bien y nos ayudan mucho. ¡Pero hay demasiados deberes!

Alejandro
Voy a un instituto privado con unas excelentes instalaciones. El edificio es moderno y la biblioteca tiene todo lo que necesitas para tus estudios. Los profesores son estrictos, pero nos apoyan mucho y trabajan duro. Tenemos deberes todos los días, excepto los fines de semana.

Amira
Mi instituto no es muy grande y el ambiente es muy agradable. En general, las instalaciones son buenas – especialmente las de informática. Hay un montón de ordenadores. El patio al que vamos durante el recreo es bonito, con mesas y sillas al aire libre. Confío en los profesores y los respeto.

a   Whose school has the following facilities? Write their name.
   1 library   3 computers   5 outside seating
   2 sports fields   4 gym

b   Who attends a private school?
c   Who complains about the amount of homework?
d   Who likes the atmosphere in their school?
e   Whose favourite subject is P.E.?
f   What does each person say about their teachers?

2 🎧 Listen to these school rules. Match them to the correct letter from the table.

A	bringing the correct books and equipment
B	raising your hand in class when you want to speak
C	running in the corridors
D	talking while the teacher is speaking
E	treating the people and the school with respect
F	using your mobile
G	wearing the correct uniform

Cultura
Pupils in most Spanish state high schools do not wear a uniform; however, some schools are beginning to introduce uniforms after discussion with parents and the school council. Students in private schools almost always wear a uniform.

In general, pupils call their teachers by their first names.

Pronunciación
que, *qui*
You will often see the combination of letters *qui* and *que*. These are pronounced like 'key' and 'kay' – the 'u' is not pronounced (so it is never pronounced 'kw').

Examples: *que, quien, equipo, querer, parque, quince*

treinta y seis

Education and work **3.1F**

3 Complete the sentences with the correct negative form (in Spanish) of the words in brackets. Then translate the sentences into English.

a ___ (*not*) tenemos muchos ordenadores en mi instituto.
b Carlos ___ (*never*) habla cuando el profesor está hablando.
c Hoy no tengo ___ (*any*) de los libros correctos.
d Los alumnos son muy buenos. ___ (*nobody*) corre por los pasillos.
e No debes hablar ___ (*without*) levantar primero la mano.
f No hay ___ (*no one*) en la biblioteca.
g Yo ___ (*never*) uso el móvil en clase.
h No hay ___ (*nothing*) útil en Internet para ayudarme con los deberes.

4 Complete the sentences with the correct form (in Spanish) of the words in brackets.

a Me gusta el francés, pero el inglés es ___ (*more useful*).
b Prefiero los deberes de informática porque son ___ (*less difficult*).
c En mi horario, el lunes es ___ (*worse than*) el viernes.
d En mi opinión, ___ (*the best*) clase es la de informática.
e Necesitamos un gimnasio ___ (*bigger*).
f Yo creo que la historia es ___ (*easier than*) la geografía.
g Esta clase es interesante, pero las clases de dibujo son ___ (*more fun*).
h La película no es ___ (*as good as*) el libro.
i Para mí, los idiomas son ___ (*more interesting than*) las ciencias.
j Prefiero las asignaturas ___ (*more practical*).

¡Atención!

With comparative adjectives, the adjective will still agree with what it describes. Work out which noun the adjective is describing before you put it into Spanish.

5 Take turns to say what your school rules are. Use the verbs below, the ideas and vocabulary in activity 3 and the negative words from the grammar box.

Debes… / No debes… / Tienes que… / No puedes…

6 Write around 60 words about your school, its facilities and your favourite subjects.

Gramática

Making sentences negative

Spanish	English	Examples
no	no, not	**No, no** tengo deberes. **No**, I do **not** have homework.
nunca	never	**Nunca** corro por los pasillos. I **never** run in the corridors.
nadie	nobody, no one	**Nadie** usa el móvil en clase. **No one** uses their mobile in class.
nada	nothing	No hay **nada** en mi mochila. There is **nothing** in my rucksack.
ninguno, -a, -os, -as	none, not … any, no	**Ninguno** de los alumnos habla en clase. **No** students talk in class.
sin	without	Nunca voy a clase **sin** mis libros. I never go to class **without** my books.

Gramática

Comparative adjectives

Spanish	English	Examples
más … que	more … than	La biblioteca es **más** grande **que** el gimnasio.
menos … que	less … than	La profesora de dibujo es **menos** estricta **que** la profesora de inglés.
tan … como	as … as	La informática es **tan** útil **como** la geografía.
mejor que, el/la/los/las mejor(es)	better than, the best	Este instituto es **mejor que** mi antiguo instituto. Es **el mejor** de la región.
peor que, el/la/los/las peor(es)	worse than, the worst	Este uniforme es **peor que** el anterior. La chaqueta es **la peor**.

treinta y siete 37

3.2G Las opciones a los 16 años

OBJECTIVES
- Choices at 16
- Nouns ending in -ista
- The future tense

1 📖 Read the description of the three options for 16-year-olds in Spain. Answer the questions that some young people ask.

Trabajar

La educación obligatoria termina a los 16 años, pero hay muy pocos trabajos para la gente de 16 años. Hay mucho paro entre los jóvenes. Sin embargo, es posible trabajar unas horas de camarero/a, o ayudar en algún supermercado los sábados.

Bachillerato

Es un curso de dos años que se hace en el instituto.
Estudias:
5 asignaturas obligatorias, como educación física y un idioma extranjero.
5 asignaturas que tú escoges.

Formación profesional

Es un curso de dos años.
Te prepara para entrar en una profesión; incluye experiencia laboral en el lugar de trabajo.
Ejemplos: Deporte, Construcción, Informática, Turismo

a Why is it hard to get a full-time job at 16?
b What sort of work is possible for 16-year-olds?
c If I stay on to do the *Bachillerato*, how long is the course?
d How many subjects would I study if I did the *Bachillerato*?
e How many subjects are compulsory and can you give examples?
f What is the alternative to doing *Bachillerato*?
g What is the aim of the *Formación Profesional*?
h Would I get real work experience?
i What sort of work areas are available?

2 🎧 Listen to Alicia, Tomás, Elena, David and Lorena talking about their plans for study and work. Copy and complete the table.

Name	Bachillerato (B) or Vocational Training (VT)	Part time work in…	Future career
Alicia			
Tomás			
Elena			
David			
Lorena			

¡Atención!

Me gustaría – I would like

38 treinta y ocho

Education and work 3.2G

3 Translate these sentences into English.

a Aprenderás mucho durante el curso.
b Carlos aprobará el examen.
c Estudiaremos informática.
d Podrán trabajar los fines de semana.
e Tendréis la oportunidad de adquirir experiencia laboral.
f Viajaré con mi empresa.

4 Complete the sentences with the correct future form of the verbs in brackets.

a ___ (escribir, ella) un artículo para el periódico.
b ___ (asistir, yo) a unas clases de tecnología.
c ___ (escoger, tú) cinco asignaturas optativas.
d ___ (adquirir, nosotros) experiencia laboral en el lugar del trabajo.
e ___ (haber) la oportunidad de hacer preguntas después.
f ___ (poder, vosotros) buscar un trabajo para los sábados.
g ___ (hacer, ellos) un curso de Formación Profesional.
h ___ (limpiar, él) las oficinas por las tardes.

5 Look at the pattern in *artista* and *recepcionista* in the grammar box. Write down what you think these words would be in Spanish:

a guitarist   c novelist   e dentist
b economist   d publicist   f florist

6 Work with a partner. Take it in turns to ask and answer these questions in the future tense.

Example: **A:** ¿Qué estudiarás?   **B:** Estudiaré ciencias.

	Question – ask in the *tú* form	Answer in the *yo* form
a	estudiar – ¿qué?	ciencias
b	trabajar – ¿dónde?	supermercado
c	aprender – ¿qué?	informática
d	empezar – ¿cuándo?	septiembre
e	ser – ¿qué?	policía
f	escribir – ¿qué?	artículos
g	adquirir – ¿qué?	experiencia laboral
h	diseñar – ¿qué?	ropa
i	ganar – ¿cuánto?	doce euros por hora

Los verbos

The future tense

To form the future tense (will…, shall…), take the infinitive (*trabajar, aprender, escribir*) and add the following endings:

Person	Ending	Examples	English
I	-é	trabajaré	I will work
you (sing.)	-ás	ayudarás	you will help
he, she, it	-á	aprenderá	he / she / it will learn
we	-emos	leeremos	we will read
you (pl.)	-éis	escribiréis	you will write
they	-án	vivirán	they will live

Note the irregular stem (instead of the infinitive) for these five verbs:

tener > *tendr*… (tend**é**, tendr**ás**, etc.)
poder > *podr*… (podr**é**, podr**ás**, etc.)
hacer > *har*… (har**é**, har**ás**, etc.)
poner > *pondr*… (pondr**é**, pondr**ás**, etc.)
habrá – there will be

Gramática

Nouns ending in *-ista*

Some jobs end in *-ista*, like *artista* (artist), *periodista* (journalist), *electricista* (electrician). This ending does not change regardless of whether the person doing the job is male or female. For the plural, just add an *-s*. However, the article will change: *el* for masculine, *la* for feminine.

Adriana es electricista. – Adriana is an electrician.

Mis hermanos son periodistas. – My brothers are journalists.

El *artista era Picasso.* – The artist was Picasso.

La *recepcionista se llama Laia.* – The receptionist is called Laia.

treinta y nueve   39

3.2F Los trabajos

OBJECTIVES
- Jobs and descriptions
- *lo* + adjective
- Uses of the infinitive

1 Read what these young people say and match their names to the most suitable job. What do they want to be?

¿Cuál sería tu trabajo ideal?

Martín Me gustaría enseñar a los niños para ayudarles a tener éxito en sus estudios y en la vida.

Olivia Lo que más me gusta hacer es **contar** historias. Mi sueño es escribir una novela.

Javier Me gustaría trabajar en un equipo para proteger a la gente y hacer las calles más seguras.

Irene Me interesaría escribir artículos para una revista o presentar las noticias en la tele.

Izan Para mí, lo mejor sería representar papeles en **obras de teatro**, en series en la tele o en películas.

Ana Se **me dan bien** las ciencias y me gusta diseñar. ¿En qué trabajo puedo hacer las dos cosas?

Samuel Yo quiero cuidar a las personas si están enfermas o han tenido un accidente.

Mia Quiero llevar ropa que está de moda y salir en las revistas. Y que me hagan fotos todo el tiempo.

contar	to tell
la obra de teatro	theatre play
darse bien	to be good at

a Martín — **nurse / teacher / painter**
b Olivia — **theatre director / cook / author**
c Javier — **police officer / bank employee / lawyer**
d Irene — **doctor / journalist / actor**
e Izan — **actor / writer / artist**
f Ana — **hairdresser / nurse / engineer**
g Samuel — **nurse / police officer / lawyer**
h Mia — **journalist / model / secretary**

2 Listen to five people (1–5) talking about their work. Where do they work? Write the correct letter from the table. Also, decide whether they are positive (P) about their work, negative (N) about it, or feel both positive and negative (P+N).

A	airport	E	supermarket
B	bank	F	theatre
C	factory	G	tourist office
D	restaurant		

Cultura

According to one employment agency, 42% of jobs advertised in Spain require vocational training whereas only 38.5% require a degree. The vacancies that companies find it hardest to fill include engineers, cybersecurity experts and experts in artificial intelligence.

cuarenta

Education and work — 3.2F

3 **Translate these sentences into English.**

a Para ser enfermero, tienes que escuchar y ser muy comprensivo.
b No debes escoger una profesión sin estudiar todas las opciones.
c Encontrar trabajo en el mundo del deporte puede ser muy difícil.
d Quiero saber qué notas necesito para hacer la carrera de medicina.
e Para mí, viajar es un aspecto importante del trabajo.

4 **Translate these sentences into Spanish.**

a To be an engineer, you have to study physics.
b You must not accept a job without asking questions.
c Working in the museum is very interesting.
d I want to know what course I need to do to be a journalist.
e Solving problems is an aspect of the job that I like.

aceptar	to accept
hacer preguntas	to ask questions
resolver	to solve

5 **Listen to three people (1–3) talking about their jobs. Choose one good thing and one bad thing that each one mentions. Write the correct letter (A–H).**

A	amount of responsibility
B	boss
C	breaks
D	colleagues

E	journey to work
F	pay
G	working hours
H	working from home

6 **Look at this photo. Work with a partner to ask and answer the questions below.**

- Describe al camarero.
- ¿Qué están comiendo los clientes?
- ¿Qué es lo bueno de ser camarero?
- ¿Qué trabajo quieres hacer tú en el futuro?
- Para ti, ¿qué aspectos son importantes en un trabajo?

Los verbos

Uses of the infinitive

Use the infinitive after *para* when you want to say 'in order to' do something.

Para ser abogado, hay que ir a la universidad. – (In order) to be a lawyer, you must go to university.

Use the infinitive after *sin* when you want to say 'without …-ing'.

El jefe se fue sin pagarme. – The boss left without paying me.

Use the infinitive on its own, as a noun, when the English ends in '…-ing'.

Trabajar en un banco fue aburrido. – Working in a bank was boring.

Pronunciación

cu + vowel

You have met the word *cuidar* in the text in activity 1.

When *cu* is followed by a vowel, it is always pronounced 'kw'. So, when you hear this sound, you will know to spell it 'cu' and not 'qu'.

Examples: *cuando, cuatro, cincuenta, cuerpo, escuela*

Gramática

lo + adjective

To say 'the good thing' or 'the difficult thing', use *lo* + adjective. If you need to say 'about', use *de*.

lo bueno – the good thing
lo difícil – the difficult thing

Theme 1 — Cultura
Aspectos de la vida hispánica

1 Read the text and answer the questions.

a What was 'Hispania'?
b What is the definition of 'the Hispanic world'?
c How many countries have Spanish as their official language?
d What is said about 486 million people?
e Do 'latino' and 'hispánico' mean the same thing? Explain.
f Why did Spanish become the main language on the South American continent?

Languages in Spain

MAJOR ETHNOLINGUISTIC GROUPS
- Galician
- Basque
- Castilian (Spanish)
- Catalan

The Hispanic world

La palabra 'hispánico' viene de 'Hispania', el nombre romano para España. **Se refiere** a todas las partes del mundo donde se habla español. Hay veintiún países en el mundo donde el español es el idioma oficial y, en total, unos 486 millones de personas hablan español como primera lengua. La palabra 'latino' se refiere a todos los países de Latinoamérica, **incluyendo** países como Brasil y Surinam donde el español no es el idioma oficial. En el siglo dieciséis, después de que los conquistadores descubrieron el Nuevo Mundo, muchos españoles fueron a las Américas para vivir y buscar fortuna. Por eso, su idioma es la lengua oficial en tantos países del continente.

referirse a	to refer to
incluyendo	including

2 Almost everyone in Spain speaks the Spanish language, but there are areas that have their own language as well. On this map, the Basque Country, Catalonia and Galicia are picked out for this reason. Find out the Spanish names for these regions and the name of their language that is co-official with *castellano*, the Spanish language.

3 Work with a partner. Student A reads the first paragraph and tells the other all about the King and Queen. Student B reads the second paragraph and tells the other about the two princesses.

The Spanish royal family

El Rey Felipe VI de España nació en 1968. Tiene dos hermanas mayores, pero, al ser el único hijo **varón**, fue él quien **heredó** el **trono**. La reina consorte se llama Letizia y antes de casarse con Felipe, era periodista y presentadora de las noticias en la televisión. Algunas personas criticaron el matrimonio en 2004 porque Letizia no era ni una princesa ni de familia noble.

Los Reyes tienen dos hijas. La mayor se llama Leonor, Princesa de Asturias, y nació en 2005. Cuando ella nació, cambiaron la **ley** de sucesión que discriminaba contra las mujeres; como consecuencia, Leonor heredará el trono en el futuro. La hermana menor de Leonor se llama Sofía y nació en 2007.

el varón	male
heredar	to inherit
el trono	throne
la ley	law

42 cuarenta y dos

Theme 1

4 Read the text and complete the sentences.

a People who followed a Mediterranean diet were found to have better health than…

b They lived longer and had…

c The diet came about because the people had to eat…

d It is called a 'poor man's diet' because…

e They ate less meat and fewer dairy products because…

concluir	conclude
obtener	to obtain
el aceite de oliva	olive oil
productos lácteos	dairy products
la ganadería	cattle farming

The Mediterranean lifestyle

En los años 50, los médicos observaron que las personas que vivían cerca del Mar Mediterráneo tenían mejor salud que las de los países más ricos del oeste. Vivían más años y sufrían menos enfermedades. Los médicos **concluyeron** que esto se debía a la dieta mediterránea que se comía en estas regiones. Esta dieta derivaba simplemente de que tenían que comer productos más baratos y más fáciles de **obtener** en las regiones del sur de Europa. En realidad, es una dieta "para pobres" porque consiste en frutas, verduras y otras cosas que la gente podía cultivar, además de pescado y **aceite de oliva**. Comían menos carne y **productos lácteos** porque no tenían ni la tierra ni el clima para vivir de la **ganadería**.

5 Read these facts about Awa Fam and match them to the correct summary in the table. There are three summaries you do not need.

1 Awa Fam jugó su primer partido para *Valencia Basket* a los quince años y medio.
2 Era la jugadora más joven en la historia del equipo.
3 Awa Fam nació en Santa Pola (provincia de Alicante) en 2006.
4 Mide un metro noventa y dos.
5 Sus padres se fueron a vivir a España hace treinta años.
6 Awa Fam descubrió el baloncesto porque sus dos hermanos mayores jugaban.
7 Tiene que organizarse bien para entrenar y continuar con sus estudios al mismo tiempo.

A	balancing school and sport
B	birth
C	breaking records
D	height
E	her first interview

F	making her basketball debut
G	parents move to Valencia
H	sporting family
I	talent spotted at school
J	the family arrived in Spain

The up-and-coming basketball star Awa Fam

6 Listen to five students who attended summer courses in Salamanca to improve their Spanish. Write a sentence about why each one would recommend the experience.

Studying Spanish in Spain

cuarenta y tres 43

Theme 1 — Grammar practice

Using *hay*, *ser*, *tener*

1 Complete the sentences with *hay* or the correct present form of *ser* or *tener*.

a Pedro y yo ___ hermanos.
b Mi madre ___ el pelo corto y negro.
c En mi familia ___ cinco personas.
d Los españoles ___ una dieta bastante sana, en general.
e En mi clase de español, ___ unos veinte estudiantes.
f No sé qué hacer en el futuro; no ___ ni idea.
g Hablas español muy bien: ¿___ español?
h ___ un buen restaurante vegetariano cerca de donde vivo.

Plural nouns

2 Put the nouns and their articles into the plural.

Examples: la casa → las casas, un lugar → unos lugares, el tema → los temas, una acción → unas acciones

a la mujer
b un momento
c el hombre
d una ciudad
e la luz
f el periodista
g un animal
h una clase
i el programa
j la actividad
k un color
l la asignatura
m el trabajo
n el artista
o una situación

The present tense

3 Complete the sentences with the correct present form of the verbs in brackets.

a Los españoles ___ (comer) más pescado que los ingleses.
b ¿___ (salir, tú) con tus amigos este sábado?
c Mis compañeros y yo ___ (estudiar) matemáticas el lunes por la mañana.
d Normalmente yo ___ (beber) agua con las comidas.
e Chicos, ¿en qué parte de España ___ (vivir)?
f Cuando mi amiga viene a mi casa, ___ (ver) películas en Netflix.
g Mamá, ¿___ (saber) dónde está mi mochila?
h Los vascos ___ (hablar) español, y también euskera, su idioma regional.

Adjectives

4 Choose the correct form of the adjectives to complete the sentences.

a Para mí, las matemáticas son muy **difícil** / **difíciles**.
b Mi prima tiene el pelo **rubio** / **rubia** / **rubios** / **rubias**.
c Tienen los ojos **azul** / **azules**.
d Mis padres son muy **simpático** / **simpática** / **simpáticos** / **simpáticas**.
e Los platos **principal** / **principales** de este restaurante están muy ricos.
f Unos estudiantes **inglés** / **inglesa** / **ingleses** / **inglesas** van a visitar el colegio.
g El sistema es muy **efectivo** / **efectiva** / **efectivos** / **efectivas**.

5 Complete the sentences with the correct adjectives from the box below. Make them agree.

sano   francés   útil   menor   activo

a Los idiomas son muy ___ si quieres trabajar en turismo.
b Mis hermanos ___ van a una escuela primaria.
c Cuando estoy en Francia, me encanta escuchar la lengua ___.
d Mis amigos hacen mucho deporte; son muy ___.
e Voy a cenar ensalada y fruta; es una cena muy ___.

44   cuarenta y cuatro

People and lifestyle — Theme 1

Using *ser* and *estar*

6 Complete the sentences with the correct present form of *ser* or *estar*.

a Mi clase de español ___ bastante pequeña.
b No podemos ir allí hoy porque ___ en Madrid.
c Las tapas de este restaurante ___ muy caras.
d ¿Qué pasa, Carmen? ¿Por qué ___ triste?
e Mis padres ___ en el jardín.
f ¿Crees que tú ___ una persona responsable?
g Me quedo en casa porque ___ enfermo.
h No ___ muy religiosos, pero vamos a la iglesia a veces.
i Tu mochila ___ detrás de la silla.

Possessive adjectives

7 Translate these phrases into Spanish.

a my uncle
b your eyes (you, sing.)
c her daughter
d his friends
e my subjects
f your house (you, sing.)
g my country
h your books (you, sing.)
i her family
j his ideas

Reflexive verbs

8 Complete the sentences with the correct present form of the verbs in brackets and the correct reflexive pronoun (*me*, *te*, *se*, *nos* and *os*).

a Mi hermano ___ (parecerse) mucho a mi padre.
b Yo ___ (llevarse) muy bien con mi padrastro.
c Mi tía ___ (divorciarse) de mi tío tras siete años de matrimonio.
d Juan y yo ___ (quedarse) aquí para estudiar.
e Mis perros ___ (llamarse) Tobi y Luna.
f El museo ___ (abrirse) a las siete.
g Tú siempre ___ (caerse) cuando llevas esos zapatos.
h ¿A qué hora ___ (levantarse) vosotros normalmente?
i Luisa y yo ___ (casarse) en junio del año que viene.
j Mis padres siempre ___ (preocuparse) por mí.

Irregular verbs

9 Complete the paragraph with the correct form of the first person singular of the verb. Unscramble the letters in bold.

Durante la semana, me (a) **nogop** el uniforme para ir al instituto. A las siete y media, (b) **glosa** de casa. Normalmente, (c) **jooc** el autobús, especialmente si llueve. Por la tarde, (d) **ahog** mis deberes. El viernes después de las clases, (e) **ogdi** adiós a mis compañeros del instituto y vuelvo a casa. El sábado (f) **oyd** un paseo con mis amigos. Vamos al campo porque hay un camino muy bonito que (g) **zonocco** bien. El domingo monto a caballo; ¡solo me (h) **goica** dos o tres veces!

Interrogatives

10 Complete the questions with the correct question words from the box below.

cuándo (x2)   qué (x2)   por qué
cómo (x2)   dónde

a ¿___ está el gimnasio?
b ¿___ estás hoy? ¿Mejor?
c Está lloviendo… ¿___ no vamos al cine?
d ¿___ haces los fines de semana?
e ¿___ llegas al instituto? ¿Vas en autobús?
f ¿___ vienes a visitarme a Valencia?
g ¿___ vas de vacaciones? ¿En julio o en agosto?
h ¿___ quieres hacer el sábado?

Expressions using *tener*

11 Match the questions (A–E) to the answers (1–5).

	Questions		Answers
A	¿Quieres unas tapas?	1	Sí, hoy tengo sueño.
B	¿Vas a dormir la siesta?	2	Sí, pero no te preocupes; voy a tener cuidado.
C	¿Quieres agua?	3	No, tengo que hacer los deberes.
D	¿Estás andando por las montañas?	4	No, gracias. No tengo hambre.
E	¿Quieres ir al cine?	5	Sí, por favor. Tengo mucha sed.

cuarenta y cinco

Theme 1 — Grammar practice

Radical-changing verbs

12 Complete the sentences with the correct present form of the verbs in brackets. These are all verbs with spelling changes in the present tense (radical-changing verbs).

a Isabel ___ (jugar) al fútbol los sábados.
b ¿Te ___ (divertir) cuando vas al estadio?
c El perro ___ (dormir) al sol en el jardín.
d Yo ___ (pensar) que la informática es muy útil.
e Mi hermana siempre ___ (pedir) dinero a mis padres.
f El desayuno en el hotel ___ (costar) quince euros.
g ¿___ (entender, tú) la pregunta? ¡Yo no!
h Yo no ___ (poder) ir al partido el domingo.
i David no ___ (querer) continuar con historia el año que viene.
j La tienda se ___ (cerrar) a las ocho hoy.
k Tú siempre ___ (perder) las gafas.

Using *a* and *de* + article

13 Complete the sentences with *al, a la, a los, a las, del, de la, de los* or *de las*.

a Los platos típicos ___ sur tienen muchas verduras.
b Los lunes voy ___ clases de baile en el instituto.
c Voy ___ ciudad los sábados.
d El señor Sánchez es un amigo ___ familia.
e Las casas ___ pueblo son blancas y muy bonitas.
f Vamos ___ puerto para ver los barcos.
g Muchos ___ jóvenes de hoy no beben alcohol.
h Siempre vamos ___ partidos si nuestro equipo juega en casa.
i La biología es una ___ asignaturas más difíciles para mí.
j Voy a darle los deberes ___ profesor por la mañana.

Using *gustar*

14 Complete the sentences with the correct present form of *gustar*.

a Me ___ mucho el pollo.
b No me ___ las matemáticas.
c Me ___ las películas de Penélope Cruz.
d A mí me ___ la nueva casa.
e Me ___ hacer deporte los fines de semana.

Making sentences negative

15 Choose the correct words / phrases to complete the sentences.

a Fumar es horrible; **nada** / **nunca** / **ninguno** voy a fumar.
b Hoy no tengo deberes de **jamás** / **nada** / **ninguna** asignatura. ¡Qué bien!
c Cuando llego temprano, no hay **nadie** / **sin** / **nunca** en casa.
d No debes ir al colegio **ya no** / **ninguno** / **sin** tomar el desayuno.
e No quiero hacer **nada** / **nadie** / **nunca** hoy; estoy cansado.
f Si **nunca** / **nadie** / **sin** quiere ir al gimnasio, voy a ir solo.
g El restaurante era malísimo; **ningunos** / **ni** / **nunca** más vamos a volver allí.
h Nunca voy a una entrevista **sin** / **nada** / **no** antes buscar información sobre la compañía.
i Leo, ¿tienes amigos en el barrio? Yo no tengo **nadie** / **sin** / **ninguno**.
j Mamá, tengo hambre y no hay **nadie** / **nada** / **ningunas** de comer en la nevera.

46 cuarenta y seis

People and lifestyle — **Theme 1**

Comparative adjectives

16 Complete the sentences with the Spanish translation of the words in brackets.

Madrid es (bigger than) Granada.
Example: Madrid es más grande que Granada.

a El español es (easier than) el alemán.
b Mi hermana es (taller than) mi madre.
c Creo que la informática es (more important than) la geografía.
d Las matemáticas son (more difficult than) la biología.
e El nuevo uniforme es (worse than) el uniforme de antes.
f Las ciencias son (as useful as) las matemáticas.
g Mis hermanos son (more hard-working than) yo.
h Las naranjas son (cheaper than) las manzanas en esta región.
i La película no es (as good as) el libro.
j En general, los gatos son (more nervous than) los perros.
k Sus discusiones son (more serious than) antes.
l Las tapas de aquí son (better than) las tapas del restaurante mexicano.

The future tense

17 Complete the sentences with the correct simple future form of the verbs in brackets.

a ___ (ir, nosotros) al instituto en autobús porque está lloviendo.
b ___ (poder, tú) empezar con el francés el año que viene.
c Mis hijos no se ___ (comer) toda esa carne.
d Yo ___ (hacer) un proyecto sobre la historia del pueblo.
e Creo que os ___ (llevar) bien con vuestra madrastra.
f Para su cumpleaños ___ (haber – *there will be*) una fiesta en la casa familiar.
g Ya tenemos las cosas de la compra; ahora las ___ (poner, nosotros) en la nevera.
h El nuevo jefe ___ (llegar) mañana.
i Si no tomas el desayuno, ___ (tener) hambre a mediodía.
j ___ (escribir, yo) un mensaje a mi hermano enseguida.

Translating infinitives

18 Translate these sentences into English.

a Fumar es muy malo para la salud.
b Para mantenerme en forma, voy al gimnasio.
c Siempre hago los deberes sin pedir ayuda.
d Para mí, trabajar en una oficina parece muy aburrido.
e Tengo que ir a casa para limpiar mi dormitorio.
f Es mejor estudiar sin escuchar música.
g Vivir en el campo es ideal si quieres una vida tranquila.
h Para tener una vida sana, tienes que seguir una dieta equilibrada.
i Es imposible sacar buenas notas sin estudiar.
j Evitar el azúcar es importante si quieres cuidarte los dientes.

Using *lo* + adjective

19 Translate these sentences into Spanish.

a The good thing is that I do not have to share a bedroom.
b The important thing is to do the subjects that you prefer.
c The bad thing is that the classes start at eight.
d The worst thing is that my friend is ill.
e The first thing is to choose your subjects.
f The interesting thing is that José is going out with Sara.
g The sad thing is that we cannot go on Saturday.
h The ideal thing is to have the party at home.
i The difficult thing is that I do not have any money.
j The best thing is that we are going to live in the country.

cuarenta y siete 47

Theme 1 — Foundation Vocabulary

Words that are highlighted in grey in this list are words that may be useful, but you won't need to know them for the exam.

1.1G ¿Cómo es?

¿cómo? how?
el/la abuelo/a grandfather/grandmother
el/la actor/actriz actor/actress
alto/a tall
azul blue
bajo/a short, low
bastante quite, quite a lot, enough
blanco/a white
el/la cantante singer
casi almost, nearly
el/la chico/a boy/girl
el cine cinema
con with
corto/a short
creer to think, believe
delgado/a slim, thin
dos two
la familia family
famoso/a (adj.) famous
feo/a ugly
la foto photo
las gafas glasses
el/la gato/a cat
gordo/a fat
gris grey
el grupo group
guapo/a good-looking
hay there is, there are
el/la hermano/a brother/sister
el/la hijo/a son/daughter
el hombre man
joven young
largo/a long
llamarse to be called
la madre mother
el metro metre
moreno/a brown, dark
la mujer woman
la música music
negro/a black
el nombre name
el ojo eye
el padre father
el pelo hair
pequeño/a small
el/la perro/a dog
poco/a little, bit
que that, which, who
recordar to remember
rojo/a red
rubio/a fair, blond(e)
ser to be
también also, as well
la tele TV, telly
tener to have
yo I

1.1F ¿Qué tipo de persona eres?

el/la amigo/a friend
animal (adj.) animal
artístico/a artistic
bueno/a good
las ciencias science
cinco five
la clase class
cuando when
deportivo/a (of) sports
difícil difficult
divertido/a fun, enjoyable
especialmente especially
estar to be
el/la estudiante student
fácil easy
feliz happy
fuerte strong
general general
gracioso/a funny
gustar to like (lit. to please)
hoy today
independiente independent
el instituto secondary school
listo/a clever
muy very
nervioso/a nervous
otro/a other, another
pensar to think
perezoso/a lazy
pero but
la persona person
la personalidad personality
porque because
práctico/a practical
responsable responsible
serio/a serious
simpático/a nice, friendly
la situación situation
trabajador(a) hard-working
tranquilo/a quiet, peaceful

1.2G Las relaciones familiares

activo/a active
bien well
las compras shopping
cuidar to care for, look after
el deporte sport
discutir to discuss, argue
el ejercicio exercise
este/esta this
el estadio stadium
el fin de semana weekend
el fútbol football
hacer to do, make
hago I do/make
ir to go
llevarse bien/mal con to get on well/badly with
la madrastra stepmother
mucho/a much, a lot
la noche night
el padrastro stepfather
la paella paella (rice dish usually with seafood)
pelear(se) to fight
el/la primo/a cousin
respetar to respect
el restaurante restaurant
el sábado Saturday
salgo I go out
el/la tío/a aunt/uncle
va he/she/it goes
las vacaciones holidays
vais you (plural) go
vamos we go
van they go
vas you (singular) go
voy I go

1.2F Los amigos

a veces sometimes
algo something
allí there
el año year
casarse to get married
el/la compañero/a colleague, (school) friend
común common
la confianza confidence, trust
el contacto contact
la definición definition
el día day
diferente different
divorciarse to get divorced
escuchar to listen (to)
fatal terrible
la frecuencia frequency
genial great
guardar to keep
hablar to speak, talk
la idea idea
levantarse to get up
mejor better, best
la opinión opinion
paciente patient
parecerse a to look like

48 cuarenta y ocho

Theme 1

pasar to pass, spend
ponerse to put on, to become
preocupar(se) to worry
el *problema* problem
próximo/a next
qué what
raramente rarely
raro/a strange, odd, rare
la *relación* relationship
el *secreto* secret
siempre always
tarde late
temprano early
el *texto* text
el *tiempo* time, weather
todo/a all, every

2.1G La vida sana

a pie on foot
el (fem.) *agua* water
el *baile* dance
el *baloncesto* basketball
beber to drink
la *bicicleta* bicycle
el *bocadillo* sandwich
la *cama* bed
el *campo* country, countryside
la *carne* meat
cerca close, near
el *club* club
comer to eat
la *comida* food, meal
comprar to buy
¿cuándo? when?
dar to give
demasiado too, too much
el *desayuno* breakfast
el *domingo* Sunday
¿dónde? where?
la *ensalada* salad
el *equipo* team, equipment
evitar to avoid
favorito/a favourite
la *fruta* fruit

el *gimnasio* gym
importante important
el *jueves* Thursday
jugar to play
la *manzana* apple
el *mar* sea
el *martes* Tuesday
el *mercado* market
el *miembro* member
montar to ride, set up
nadar to swim
la *naranja* orange
el *pan* bread
el *paseo* stroll, walk
el *pescado* fish
la *piscina* swimming pool
el *pollo* chicken
poner to put
¿por qué? why?
preferir to prefer
preparar to prepare
el *producto* product
¿qué? what?
querer to want, love
rápido/a fast, quick
la *sal* salt
la *semana* week
la *tarde* afternoon, evening
tener cuidado to take care, be careful
tener hambre to be hungry
tener que to have to
tener sed to be thirsty
tener sueño to be sleepy, tired
tomar to take, eat, drink, have
la *uva* grape
el *vaso* glass, tumbler
vegetariano/a vegetarian
la(s) *verdura(s)* vegetables
la *vez* time, occasion
vivir to live
el *zumo* juice

2.1F ¿Estás en forma?

la *actividad* activity
andar to walk
el *beneficio* benefit
el *caballo* horse
la *calle* street
el *caramelo* sweet
caro/a expensive, dear
cerrar to close, shut
claro clear, of course
contar to tell, count
la *copa* cup, wine glass, trophy
correr to run
costar to cost,
cuatro four
el *diente* tooth
la *dieta* diet
divertirse to enjoy oneself, to have fun
dormir to sleep
empezar to start, begin
encantar to love (lit. to delight)
encontrar to find
entender to understand
entrenar(se) to train
equilibrado/a balanced
esperar to wait, hope, expect
el *estudio* study, studio
físico/a physical
frío/a cold
fumar to smoke
ganar to earn, win
la *grasa* grease, fat
la *hamburguesa* burger
el *jamón* ham
el *kilómetro* kilometre
llevar to take, carry, wear, lead
malo/a bad
mental mental
el *montón* load, lot
mostrar to show
la *natación* swimming
el/la *niño/a* child, little boy / girl
normalmente normally
nosotros/as we, us

nunca never
el *parque* park
el *partido* match, game
las *patatas fritas* chips, fries
pedir to ask for, order
perder to lose
permitir to permit, allow
poder to be able
el *precio* price
probar to try, test, sample
la *salud* health
sano/a healthy
sin without
el *supermercado* supermarket
terrible terrible
la *variedad* variety
volver to return, go back

2.2G Salir a comer

alemán/alemana German
aquí here
el *café* coffee
chileno/a Chilean
el/la *cliente* client, customer
cubano/a Cuban
deber to owe (must)
el *dulce* sweet
europeo/a European
francés/francesa French
fresco/a cool, fresh
grande big
el (fem.) *hambre* hunger
el *huevo* egg
ideal ideal
inglés/inglesa English
la *leche* milk
el *lugar* place
más more, most
menos less, least
mexicano/a Mexican
el *plato* plate, dish
por favor please
rico/a rich, tasty

cuarenta y nueve 49

Theme 1 — Foundation Vocabulary

servir to serve
solo only
las tapas bar snacks
típico/a typical
el tomate tomato
el/la turista tourist
venir to come
el vino wine

2.2F Tipos de dietas

ayudar to help
el azúcar sugar
cada each, every
complicado/a complicated
consistir to consist
el corazón heart
durante during
España Spain
estricto/a strict
Europa Europe
la falta lack, shortage
frito/a fried
el futuro future
intentar to try
el/la Internet Internet
lo que what
luego then
el/la médico/a doctor
el medio ambiente environment
mediterráneo/a Mediterranean
menor younger, smaller
ninguno/a none, not any
la oficina office
el peso weight
la planta planta
la proteína protein
quedarse to stay
el régimen diet
la región region
la revista magazine
sacar to take out, (get)
seguir to follow
el sur south
el tipo type
tonto/a silly, stupid

trabajar to work
vegano/a vegan
el/la veterinario/a vet
la vida life

3.1G El día escolar

aburrido/a boring
amarillo/a yellow
la camisa shirt
la corbata tie
la chaqueta jacket
el dibujo art, drawing
la educación education
la falda skirt
la geografía Geography
la historia History
el horario timetable, schedule
el idioma language
la informática ICT
la lengua language
la literatura literature
marrón brown
las matemáticas Maths
el pantalón trousers
primero/a first
el recreo break, break time
la religión religion, R.E.
terminar to finish
la tutoría tutorial, tutor group, form period
último/a last, latest
el uniforme uniform
verde green
el zapato shoe

3.1F En el instituto

agradable pleasant
el/la alumno/a pupil
el ambiente atmosphere
anterior previous
apoyar to support
la asignatura subject
la biblioteca library
bonito/a pretty, lovely
correcto/a correct
los deberes homework

donde where
duro/a hard
explicar to explain
la instalación facility
interesante interesting
levantar to raise
el libro book
el lunes Monday
la mano hand
la mesa table, desk
moderno/a modern
el móvil mobile (phone)
nada nothing
necesitar to need
nuevo/a new
el ordenador computer, PC
el pasillo corridor
el patio yard, patio, playground
peor worse, worst
privado/a private
el/la profesor(a) teacher
la silla chair
sin embargo however
traer to bring
usar to use
útil useful
el viernes Friday

3.2G Las opciones a los 16 años

antes before
aprender to learn
aprobar to pass (ie. exam)
apropiado/a appropriate, suitable
el/la artista artist
el bachillerato Baccalaureate (equivalent to A levels)
buscar to look for, search for
el/la camarero/a waiter/waitress
como as, like
la compañía company
la construcción building, construction

el curso course
la decisión decision
después after
dieciséis sixteen
el dinero money
diseñar to design
doce twelve
el/la electricista electrician
el/la enfermero/a nurse
entrar (en) to enter
entre between, among
escoger to choose
escribir to write
estudiar to study
el euro euro
el examen exam
la experiencia experience
extranjero/a foreign
la formación training
habrá there will be
la hora hour, time
el hospital hospital
incluir to include
laboral (of) work
leer to read
limpiar to clean
me gustaría I would like
mientras while
la nota grade, mark
obligatorio/a compulsory
optativo/a optional
para to, for
el paro unemployment
el/la peluquero/a hairdresser
perfecto/a perfect
el periódico newspaper
el/la periodista journalist
pocos/as few
el/la policía police officer
por eso so, therefore
posible possible
la pregunta question
la profesión profession
el programa programme
la recepción reception
el/la recepcionista receptionist

50 cincuenta

la *ropa* clothes
septiembre September
el *sitio web* website
la *tecnología* technology
la *tienda* shop, tent
el *trabajo* work, job
el *turismo* tourism
la *universidad* university
viajar to travel

3.2F Los trabajos

el/la *abogado/a* lawyer
el *accidente* accident
aceptar to accept
el *aeropuerto* airport
el *artículo* article
el *aspecto* aspect, appearance
el *banco* bank
la *caja* box, till
la *carrera* career, degree course, race
la *casa* house, home
el *centro* centre
cerca de near to
la *ciudad* city, town
cómodo/a comfortable
comprensivo/a understanding
contento/a happy, glad, pleased
la *cosa* thing
crear to create
de moda fashionable
describir to describe
la *desventaja* disadvantage
el/la *empleado/a* employee
enfermo/a ill, sick
enojado/a angry
enseñar to teach, show
el *estrés* stress
estupendo/a great, brilliant
la *experiencia laboral* work experience
la *física* physics
la *gente* people
gritar to shout

hacer preguntas to ask questions
hasta until
hermoso/a beautiful
la *información* information
el/la *ingeniero/a* engineer
interesar to be interested in
el/la *jefe/jefa* boss
la *medicina* medicine
mil thousand
mismo/a same
el *mundo* world
el *museo* museum
las *noticias* news
la *novela* novel
la *obra* work (of art, literature)
la *opción* option
pagar to pay
el *papel* role, paper
la *película* film
presentar to present, introduce
la *presión* pressure
proteger to protect
resolver to solve
el *salario* salary
salir to leave, go out
seguro/a safe, sure, secure
sentir(se) to feel
la *serie* series
el *teatro* theatre, drama
tener éxito to be successful
el *traje* suit, costume
el *viaje* journey
el *vuelo* flight

Spanish is a language with grammatical genders, so some of the words in this list have a masculine and feminine form, which are used for referring to different people. You will not be marked down in the exam for your preferred ways of referring to yourself and others through the use of pronouns, gendered language and grammatical agreements.

cincuenta y uno 51

Theme 1 — Test and revise: Foundation Listening

1 **Listen to these descriptions and write down the correct letter.**

a Susana is…
  A blonde   B slim   C tall   **1 mark**

b Marcos has…
  A blue eyes   B red hair   C tattoos   **1 mark**

c Irene is…
  A a little overweight   B dark-haired
  C not very tall   **1 mark**

d Miguel has…
  A brown hair   B long hair
  C short hair   **1 mark**

Consejo

Always listen to the whole of the relevant section of the recording before you fill in your answer. Don't react to the first thing you recognise. It may be a red herring.

2 **Julia is describing some students in her class.**

Write **P** if Julia's opinion is **positive**
      N if Julia's opinion is **negative**
      P+N if Julia expresses a **positive** and **negative** opinion.

a Alba   **1 mark**
b Bruno   **1 mark**
c Laura   **1 mark**
d Toni   **1 mark**

3 **Which aspect of their lifestyles does each person want to improve? Write the correct letter for each person.**

A	ability to relax
B	amount of water they drink
C	diet
D	exercise
E	sleep patterns
F	time in fresh air

a Person 1   **1 mark**
b Person 2   **1 mark**
c Person 3   **1 mark**
d Person 4   **1 mark**

Consejo

If you change your mind and need to change your answer, cross out your first answer with one clear line, and write the correct answer clearly next to it.

4 **Álex is talking about his school subjects. Which subject is he referring to in these statements? Answer in English.**

a I normally like it but it is a bit boring at the moment.   **1 mark**

b I always learn something useful in these classes.   **1 mark**

c This subject fits with my future plans.   **1 mark**

d We do not study this subject any more.   **1 mark**

52 cincuenta y dos

Theme 1

5 These people are talking about the good aspects and the bad aspects of their jobs. Write down the correct letter for each aspect.

A	boss	D	journey
B	customers	E	pay
C	hours	F	work mates

a Eduardo: Good aspect   Bad aspect   **2 marks**

b Paula: Good aspect   Bad aspect   **2 marks**

6 Listen to these people talking about members of their family. Answer the questions in English.

a What does the girl say about her older sister?   **1 mark**

b What does the boy think is going to happen?   **1 mark**

c What does the woman say about her two sons?   **1 mark**

d What does the boy do if he is worried?   **1 mark**

Dictation A

You will now hear four short sentences.
- Listen carefully and using your knowledge of Spanish sounds, write down in **Spanish** exactly what you hear for each sentence.
- You will hear each sentence **three** times: the first time as a full sentence, the second time in short sections and the third time again as a full sentence.
- Use your knowledge of Spanish sounds and grammar to make sure that what you have written makes sense. Check carefully that your spelling is accurate.

8 marks

Dictation B

You will now hear four short sentences.
- Listen carefully and using your knowledge of Spanish sounds, write down in **Spanish** exactly what you hear for each sentence.
- You will hear each sentence **three** times: the first time as a full sentence, the second time in short sections and the third time again as a full sentence.
- Use your knowledge of Spanish sounds and grammar to make sure that what you have written makes sense. Check carefully that your spelling is accurate.

8 marks

Consejo

You have two minutes to check your work at the end of the listening exam – make sure you use this time to go back and check you only have one answer for each question and that your dictation answer is clear.

cincuenta y tres

Theme 1 — Test and revise: Foundation Speaking

Role Play

You are talking to your Chilean friend.

Your teacher (or partner) will play the part of your friend and will speak first.

You should address your friend as *tú*.

When you see this – **?** – you will have to ask a question.

In order to score full marks, you must include a verb in your response to each task.

> 1 Say when you go out with friends. (Give **one** detail.)
> 2 Say where you go. (Give **one** place.)
> 3 Give one opinion of spending time with friends.
> **?** 4 Ask your friend a question about their family.
> 5 Describe your best friend. (Give **one** detail.)

Consejo

Pay close attention to the amount of detail required. You will only need to give one detail for each statement or question. You will not gain extra marks by saying more. You must also include a verb in your response in order to gain full marks.

Reading aloud task

When your teacher (or partner) asks you, read aloud the following text in **Spanish**.

> Es importante llevar una vida sana.
> Creo que tengo una dieta equilibrada.
> También hago mucho deporte durante la semana.
> A veces, voy al gimnasio en el centro deportivo.
> Juego al baloncesto con mis amigos los viernes.

You will then be asked four questions in **Spanish** that relate to the topic of **Healthy living and lifestyle**. Make sure you **answer all questions as fully as you can**.

Consejo

You have fifteen minutes supervised preparation time before the test. In that time, you can prepare answers, make notes to use in the exam and practise the reading passage, saying the words in your head.

Theme 1

Photo card

- During your preparation time, look at the two photos on the topic of **Identity and relationships with others**. You may make as many notes as you wish on an Additional Answer Sheet and use these notes during the test.
- Your teacher (or partner) will ask you to talk about the content of these photos for a maximum of **one minute. You must say at least one thing about each photo.**
- After you have spoken about the content of the photos, your teacher (or partner) will then ask you questions related to **any** of the topics within the theme of **People and lifestyle.**

Consejo

When talking about the photo card, remember you must mention at least one thing from each photo. You can make assumptions when talking about the photo; for example in Photo 1, you could say you think it is the woman's birthday because there is a cake and she is with her family.

Photo 1

Photo 2

cincuenta y cinco 55

Theme 1 — Test and revise: Foundation Reading

1 Martina emails her friend about life at school. What is each section of her email about? Write down the correct letter.

1	Llevamos una camisa gris y una falda azul. Los zapatos deben ser negros.
2	Siempre tenemos que traer un bolígrafo, una regla y papel a las clases.
3	En las clases, leemos y hacemos ejercicios en grupos o con una pareja.
4	Algunos alumnos son tontos, pero normalmente respetan a los profesores.

a Section 1
  A Subject
  B Teachers
  C Uniform
  1 mark

c Section 3
  A Friends at school
  B Lessons
  C School trips
  1 mark

b Section 2
  A Equipment
  B School meals
  C Timetable
  1 mark

d Section 4
  A Head teacher
  B Pupils
  C School rules
  1 mark

2 Some people have been posting their comments on a healthy living website.

Mateo
Yo antes comía mucha carne, normalmente con todas las comidas. Desde hace dos semanas intento cambiar la carne por platos vegetarianos o con pescado, como **merluza**. Me siento mucho mejor.

Daniela
Cuando era niña, hacía muchas actividades físicas como el baloncesto o el baile. Hoy día no puedo encontrar tiempo para nada y no me gusta como soy. Necesito perder peso.

Valeria
Mis compañeros toman mucho café durante la mañana en la oficina y comen los caramelos que guardan en la mesa. Para no hacer lo mismo, yo compro un montón de naranjas y manzanas para llevar al trabajo y solo bebo agua.

Answer the following questions about the previous text.
Write **M** for Mateo
      D for Daniela
      V for Valeria.

a Who is overweight? *1 mark*
b Who is feeling the benefit of the changed diet? *1 mark*
c Who takes fruit into work? *1 mark*
d Who changed their ways just recently? *1 mark*
e Who does no exercise? *1 mark*
f Who resists the bad influence of others? *1 mark*
g Read Mateo's comment again, what do you think *merluza* is on line 4?
  A a type of meat   B a type of fish
  C a type of cheese *1 mark*

Consejo

Don't skip over the introduction to questions. It is important to understand the context so you know what kind of vocabulary you can expect to read. Also, you need to know how you are required to answer the question.

Theme 1

3 Paula has written to her friend with news about various people in her life. Which name corresponds to which event? You will not need to use two of the events.

> Tenemos mucho que hacer hoy porque preparamos una pequeña fiesta para mi hermano, Lucas, que cumple doce años hoy. Va a tener una sorpresa.
>
> ¿Recuerdas a Elena, la novia de mi hermano mayor? Pues, resulta que van a casarse. Mis padres están muy contentos porque quieren mucho a Elena. La boda será el mayo que viene.
>
> Mi prima acaba de tener su primer hijo. El niño nació hace tres días y los dos están muy bien. Van a llamarlo Alejandro.
>
> Este fin de semana tengo entradas para el concierto en el estadio. Mis padres me compraron dos entradas y, por eso, voy a invitar a mi amiga Rosa. ¡Le va a encantar!

Events			
A	birth	D	engagement party
B	birthday	E	football match
C	concert	F	wedding

a Alejandro — **1 mark**
b Elena — **1 mark**
c Lucas — **1 mark**
d Rosa — **1 mark**
e Read the third paragraph carefully. What do you think *acaba de tener* means?
  A is about to have   B has just had
  C hopes to have — **1 mark**

Consejo

Question 3e requires you to work out the meaning of a word or phrase from the context. You will need to read around it and use all the clues in the rest of the sentence or paragraph. There will be two questions like this on the reading exam.

4 Translate these sentences into English.
  a Tengo el pelo rubio y llevo gafas.
  b Mis hermanos son menores que yo y se pelean mucho.
  c Voy a tomar un bocadillo de jamón y tomate.
  d Saqué buenas notas en el examen la semana pasada.
  e Me gustaría viajar antes de ir a la universidad.
  10 marks

Consejo

Always read through your translations to ensure they make sense and sound like natural English. For example, if you were translating *el trabajo de mi madre*, you wouldn't say 'the job of my mother' but 'my mother's job'.

cincuenta y siete **57**

Theme 1   Test and revise: Foundation Writing

1. **You send this photo to a friend in Mexico. What is in the photo? Write five sentences in Spanish.**

   10 marks

2. **Your Spanish friend wants to know about your school. Write an email about your school for them.**

   Mention:
   - your favourite subject
   - facilities at school
   - uniform
   - homework
   - school friends.

   Write approximately **50** words in **Spanish**.
   You must write something about each bullet point.

   10 marks

   Consejo

   Use the list of bullet points as a check list and tick each topic off once you have mentioned it.

3 Using your knowledge of grammar, complete the following sentences in Spanish.
Choose the correct Spanish word from the given options.

Normalmente, yo ___hago___ mis deberes a las siete.

hace   hago   hacer

a La chica tiene dos gatos ___ .

blanca   blancos   blanco   1 mark

b Mi mochila ___ en mi dormitorio.

está   hay   es   1 mark

c En general, yo no ___ durante la semana.

salido   salgo   sale   1 mark

d A mis hermanos les ___ jugar al tenis.

gustan   gustas   gusta   1 mark

e En mi opinión, la historia es más fácil ___ la geografía.

de   que   a   1 mark

4 Translate the following sentences into Spanish.

a I have blue eyes.
b I like to swim in the swimming pool.
c I prefer to eat vegetarian food.
d I will go to school by bus tomorrow.
e My friend is going to have an interview.   **10 marks**

Consejo

Make sure you deal with **all** the words that need to translated. Don't miss out the little words like 'in' and 'by'.

Either Question 5.1 or Question 5.2

5.1 You are writing to a new penfriend about your family and friends.
Write approximately 90 words in Spanish.
You must write something about each bullet point.

Describe:
- what your best friend is like
- where you went with your friends last weekend
- activities that you are going to do with your family.

15 marks

5.2 You are writing an article about healthy living.
Write approximately 90 words in Spanish.
You must write something about each bullet point.

Describe:
- what you do to keep fit
- something you ate last week that is not very healthy
- what healthy things you will do in the future.

15 marks

Consejo

Remember that you will not get extra marks for simply writing a lot. You can impress with the 90 words stated in the instructions; it is better to aim for quality than quantity.

cincuenta y nueve **59**

Theme 2
Popular culture

Free-time activities

1 🎧 **Listen to these young people talking about what they do in their free time. Match each statement to the correct image (a–f).**

a
b
c
d
e
f

la app	app
aprender	to learn
el atletismo	athletics
el deporte	sport
el instrumento	instrument
ir de compras	to go shopping
jugar (a)	to play
leer	to read
la lengua	language
el libro	book
practicar	to practise
el tiempo libre	free time
tocar	to play (an instrument)
ver	to watch
el videojuego	videogame

2 📖 **Match each question to its most likely answer.**

1 ¿Vas a salir con tus amigos esta tarde?
2 ¿Te gusta nadar en el mar?
3 ¿Cuál es tu deporte preferido?
4 ¿Eres muy activa los fines de semana?
5 ¿Cuál es tu opinión sobre cocinar?
6 ¿Te interesan las redes sociales?

a El fútbol porque es un deporte rápido. Mi jugador favorito es Gavi.
b No, es peligroso. Prefiero ir a la piscina.
c Un montón – me encanta subir fotos a mi cuenta de Instagram.
d Sí, voy a salir con Mario y Alicia a las tres.
e Me gusta mucho preparar platos sencillos para mi familia.
f No mucho. Los sábados normalmente descanso en casa.

cocinar	to cook	la piscina	swimming pool
la cuenta	account	rápido/a	fast
descansar	to rest / relax	la red social	social network
el fin de semana	weekend	salir	to go out
el / la jugador/a	player	sencillo/a	simple
nadar	to swim	subir fotos	to upload photos
peligroso/a	dangerous		

60 sesenta

Popular culture — **Theme 2**

3 Match the adjectives to the correct antonym (opposite word) from the box.

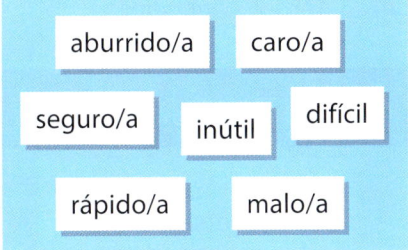

barato/a divertido/a útil bueno/a fácil lento/a peligroso/a

aburrido/a caro/a seguro/a inútil difícil rápido/a malo/a

la ciencia ficción	science fiction
el concierto	concert
el documental	documentary
encantar	to love
en vivo	live
guay	cool
aburrir	to be boring
la película	film
pensar	to think
raro/a	odd
la serie	series

4 Listen to six people (1–6) discussing TV and film. Decide whether their statements are positive (P), negative (N) or positive and negative (P+N).

Customs, festivals and celebrations

5 Read this blog entry and answer the questions. Then translate the text into English.

El blog de Miguel

Vivo en San Sebastián, también conocida como Donostia. Es una ciudad en el norte de España y tiene muchas costumbres y tradiciones únicas.

Tenemos un Festival Internacional de Cine anual muy importante, con premios y visitas de actores y actrices famosos.

El año que viene va a venir el actor chileno Pedro Pascal. ¡Qué emocionante! Me encantan sus series y películas.

Además de las películas y los videojuegos, también me encanta ir a la playa de mi ciudad, que se llama 'La Concha'. ¡Es hermosa!

¡Qué suerte tengo de vivir aquí!

además de	as well as
anual	annual, yearly
el cine	cinema
conocido/a	known
la costumbre	custom
emocionante	exciting
hermoso/a	beautiful
el premio	prize
la suerte	luck
único/a	unique
venir	to come

a What is San Sebastián also known as?
b Where is it located?
c How often does the San Sebastián film festival take place?
d How do we know Miguel is a fan of Pedro Pascal? (two details)
e What is 'La Concha' and how does Miguel describe it?

sesenta y uno 61

Theme 2 Popular culture

6 Read Amaia's description of Christmas festivities at home. Complete each sentence with the correct word from the box.

familia   rojo   hermano   celebraciones   árbol   abuelos

¡Me llamo Amaia y me encantan las ¹___! En la foto…

Soy la niña sonriente con el vestido ² ___ .

Koldo, mi ³ ___ pequeño lleva un jersey.

Mis padres y mis ⁴ ___ también están en esta foto.

Hay un ⁵ ___ de Navidad muy bonito con luces.

Me gustan los regalos, pero lo mejor de todo es pasar tiempo con mi ⁶ ___ ¡Qué divertido!

los abuelos	grandparents
el árbol	tree
la celebración	celebration
sonriente	smiley
llevar	to wear
las luces	lights
lo mejor	the best thing
la Navidad	Christmas
el/la niño/a	child
los padres	parents
pasar (tiempo)	to spend (time)
el regalo	present, gift
el vestido	dress

7 Listen to Amaia's friend, Ester, describe another traditional festival. Complete the fact file with the correct information.

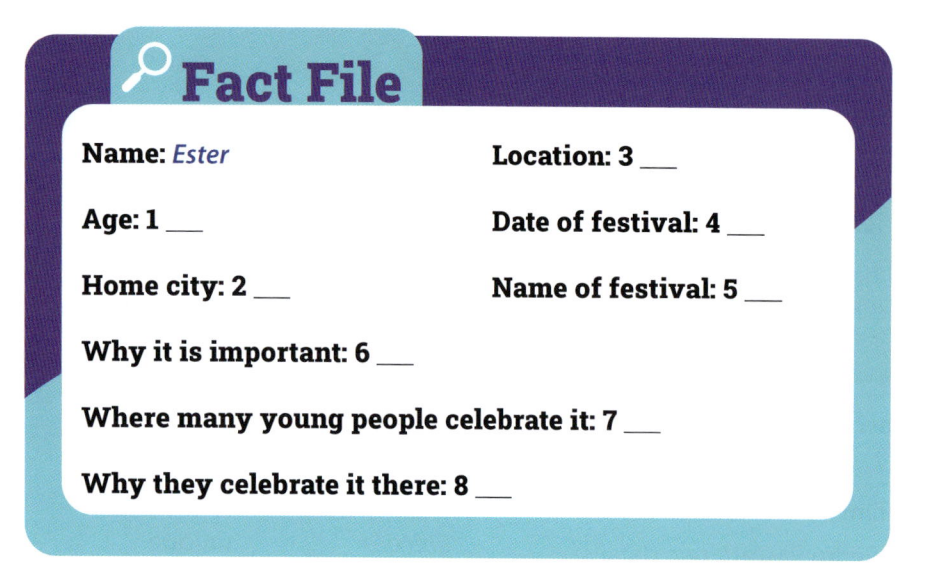

Fact File

Name: *Ester*

Age: 1 ___

Home city: 2 ___

Why it is important: 6 ___

Where many young people celebrate it: 7 ___

Why they celebrate it there: 8 ___

Location: 3 ___

Date of festival: 4 ___

Name of festival: 5 ___

allí	there
celebrar	to celebrate
la ciudad	city
corto/a	short
la fiesta	party, festival
el/la joven	teenager, young person
largo/a	long
la noche	night
la playa	beach

sesenta y dos

Popular culture — **Theme 2**

8 Match the items of clothing (1–6) to the correct picture (a–f).

1 una camisa de flores
2 un vestido largo
3 unos zapatos negros
4 un reloj inteligente
5 unas zapatillas de marca
6 una camiseta roja

una camisa	shirt
una camiseta	T-shirt
un reloj	watch
un vestido	dress
unas zapatillas	trainers
unos zapatos	shoes

Celebrity culture

9 Listen to five young people discussing their favourite celebrities. Complete the sentences with the words from the box. Then translate them into English.

subir   perfiles   videojuegos   activa   siempre
favorito   lleva   habla   famoso   ver

1 El tenista Carlos Alcaraz es mi deportista **a** ___. Siempre **b** ___ con sus seguidores.
2 Selena Gómez no es muy **a** ___ en Instagram. ¿Va a **b** ___ alguna foto interesante?
3 El actor Manu Ríos es divertido y **a** ___ ropa que está de moda. Me gusta **b** ___ sus series en Netflix.
4 No sigo a ningún **a** ___ en TikTok. Prefiero los **b** ___ sobre comida o viajes.
5 Mi streamer favorita se llama Espe; **a** ___ juega a **b** ___ en Twitch.

de moda	fashionable
el/la famoso/a	celebrity
hablar	to talk
la ropa	clothes
el/la seguidor/a	follower
seguir	to follow
subir	to upload
ver	to watch

10 Read Leonardo's daily routine and complete the table with the missing information.

La rutina de Leonardo, un actor mexicano
Leonardo trabaja en varias series de televisión. Su rutina por la mañana es sencilla. Se levanta a las siete, desayuna a las siete y cuarto y se viste a las siete y media. Antes de salir de casa a las ocho, se lava los dientes. Trabaja hasta las seis y vuelve a casa a las seis y media. Cena con su familia a las nueve.

Activity	Time
gets up	1 ___
2 ___	7:15 am
gets dressed	3 ___
4 ___	8:00 am
finishes work	5 ___
6 ___	6:30 pm
has dinner	7 ___

cenar	to have dinner
desayunar	to have breakfast
lavarse los dientes	to brush one's teeth
levantarse	to get up
la mañana	morning
la rutina	routine
salir	to go out
sencillo/a	simple
vestirse	to get dressed
volver	to return

sesenta y tres

4.1G Un mundo deportivo

OBJECTIVES
- Popular sports
- The present tense and radical-changing verbs
- Demonstrative adjectives *this, that, these* and *those*

1 📖 Read the following list of common nouns and verbs relating to sports in Spanish. Match them to their correct English translation.

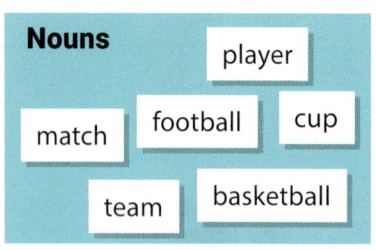

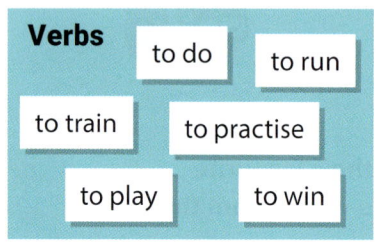

Nouns: la copa, el equipo, el partido, el jugador, el fútbol, el baloncesto

Nouns: player, match, football, cup, team, basketball

Verbs: practicar, correr, hacer, jugar, entrenar, ganar

Verbs: to do, to run, to train, to practise, to play, to win

Cultura

Real Madrid and Barcelona have a fierce and historic sporting rivalry. Whenever they play a football or basketball match against each other, it is known as 'El Clásico'. The men's fixture is regularly watched in over 180 countries, with a global audience of over 650 million viewers. A recent Women's Champions League match between the two clubs set a world record for the highest attendance in women's football, with over 91,000 fans in Barcelona's Camp Nou stadium!

2 ⭐ Choose the correct demonstrative adjective to complete the sentences. Then translate them into English.

a **Ese** / **Esta** / **Esos** jugador de tenis es muy bueno.
b **Ese** / **Esta** / **Aquellas** bicicleta de montaña es muy cara.
c En mi opinión, **esos** / **aquel** / **estas** zapatillas de deporte son cómodas.
d **Esa** / **Aquel** / **Esta** estadio de fútbol es muy grande.
e Me gusta mucho **esta** / **aquellas** / **ese** camiseta del Real Madrid.

Gramática

Demonstrative adjectives *this, that, these* and *those*

These adjectives change according to the gender and number of the noun they describe.

	masculine	feminine
this	este	esta
these	estos	estas
that	ese	esa
those	esos	esas
that (over there)	aquel	aquella
those (over there)	aquellos	aquellas

3 📖 Read the following opinions and match them to the correct sport from the box below. Be careful, there are some sports you won't need!

el esquí   el baloncesto   el tenis
el atletismo   el fútbol   el golf

A Este deporte tiene dos equipos de once jugadores. ¡Mi jugador favorito es Pedri!

B No me gusta mucho correr. Es sano, pero me cansa.

C Hago esta actividad divertida cuando voy de vacaciones a las montañas y hace mucho frío en invierno.

D Este deporte es el segundo más popular después del fútbol en España. ¡Hay muchos jugadores altos!

64 sesenta y cuatro

Free-time activities   **4.1G**

4 🎧 Listen to four young people talking about sports. Complete the sentences with the words you hear from the box below. Then translate them into English.

> equipo   fuerte   pienso   prefiere
> emocionante   juega   puede   favorita

a   1 ___ que el deporte es muy 2 ___.
b   Mi jugadora 3 ___ es Alexia Putellas. 4 ___ llegar a ser la mejor en la historia del fútbol femenino.
c   Mi hermana 5 ___ jugar sola, pero yo juego en 6 ___.
d   Carlos Alcaraz 7 ___ al tenis. Es muy 8 ___ y rápido.

5 🎯 Complete the sentences with the correct present form of the radical-changing verbs in brackets.

a   El Real Madrid ___ (*perder*) el partido contra el Barcelona.
b   Estefanía no ___ (*dormir*) mucho durante la semana.
c   Hoy mi amigo no ___ (*poder*) jugar al bádminton.
d   ¿Cuánto ___ (*costar*) una entrada?
e   Esta noche el estadio Azteca en México ___ (*cerrar*) a las diez.

Los verbos

The present tense and radical-changing verbs

You have already come across radical-changing verbs, also known as stem-changing or 'boot' verbs (see diagram), which typically contain a spelling change in the *I*, *you*, *he/she* and *they* forms of the present tense.

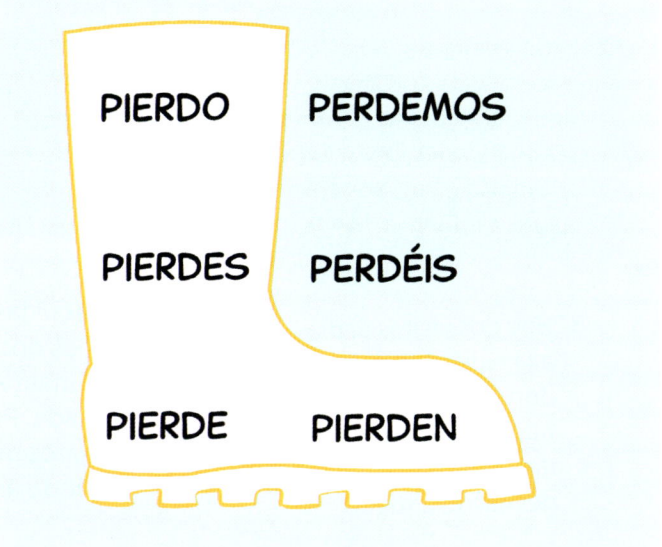

PIERDO   PERDEMOS
PIERDES   PERDÉIS
PIERDE   PIERDEN

Remember, there are several types of radical-changing verbs. The change is shown in the *he/she* form in the examples below.

-e > -ie	-o > -ue
p**e**nsar > p**ie**nsa – to think	p**o**der > p**ue**de – to be able to

-e > -i	-u > -ue
p**e**dir > p**i**de – to ask for	j**u**gar > j**ue**ga – to play

6 ✏ Write answers to the two questions in Spanish in as much detail as possible. Use the table to help you structure your answers.

a   ¿Cuál es tu deporte favorito?

| Juego al…
 Prefiero jugar al…
 [+ ball sport]

 Hago / practico el / la…
 Prefiero hacer / practicar el / la…
 [+ non-ball sport] | con mis amigos <br> con mi instituto <br> con mi familia <br> en equipo <br> solo/a | porque es <br> pienso que es | demasiado <br> muy <br> tan <br> un poco | barato <br> bueno/a <br> divertido/a <br> emocionante <br> fácil | y <br> también <br> además | genial.
 guay.
 increíble.
 Interesante.
 rápido/a.
 útil. |

b   ¿Quién es tu jugador/a favorito/a?

sesenta y cinco   **65**

4.1F ¡Nos gusta el riesgo!

OBJECTIVES
- Extreme sports
- The personal *a*
- Present continuous (including irregular gerunds)
- Pronunciation *g*

1 📖 **Read the adverts promoting summer camps. Match the adverts (1–4) to the photos (a–d).**

1 Este verano puedes hacer kayak con tus amigos. Aquí, los chicos y las chicas siempre están subiendo y bajando las aguas rápidas en el río.

2 Durante el mes de septiembre tienes clases de submarinismo en la costa. ¡Los peces están nadando cerca de ti!

3 Hay dos visitas al día a la ciudad de Bilbao donde los jóvenes están haciendo parkour entre las casas y los edificios del barrio antiguo.

4 ¿Te gustan las montañas? Tenemos dos actividades emocionantes: alpinismo y escalada. Puedes ver los pájaros mientras estás respirando aire puro.

Los verbos

The present continuous

The present continuous is used to describe an action that is in progress. It is formed by using the verb *estar* ('to be') in the present tense and the present participle (the *-ing* form of a verb).

To form the present participle – also known as 'the gerund' – remove the *-ar* ending from the infinitive and add *-ando*.

jugar – to play

estoy jugando – I am playing

For *-er* and *-ir* verbs, remove the *-er* or *-ir* and add *-iendo*.

hacer – to do

está haciendo – he / she is doing

2 **Find four examples of the present continuous in activity 1 and translate them into English.**

3 ✨ **Complete each sentence with the present participle of the verbs in brackets.**

a Mi hermano está ___ (*practicar*) natación al aire libre.
b Los jóvenes están ___ (*subir*) la montaña.
c Yo estoy ___ (*leer*) un libro sobre la historia del deporte en México.
d Los jugadores están ___ (*entrenar*) muy duro en el gimnasio.
e ¡El chico se está ___ (*caer*) de la bicicleta!

Los verbos

Irregular gerunds

Be careful! There are several irregular present participles in Spanish. Some examples of these are:

leer – *leyendo* (reading)
traer – *trayendo* (bringing)
caer – *cayendo* (falling)
ir – *yendo* (going)
preferir – *prefiriendo* (preferring)
vestir – *vistiendo* (dressing)
seguir – *siguiendo* (following, continuing)
morir – *muriendo* (dying)
dormir – *durmiendo* (sleeping)

Free-time activities 4.1F

4 **Listen to Elias talk about skydiving, his favourite extreme sport. Complete the sentences in English.**

a You jump out when the plane reaches a height of ___.
b My step mum thinks it is ___, but I am not ___.
c Normally, I do this sport ___.
d It's best when the weather is ___ and ___.
e The only problem is that ___ because ___.

5 **With a partner, take turns to read aloud the following sentences in Spanish.**

a Ayer vi a mi tío Pedro en el estadio de fútbol.
b Visito a mis abuelos los domingos.
c Isabel, ¿conoces a Miguel?
d Creo que Óscar está llamando a David.

Gramática

The personal *a*

The personal *a* is used when the direct object of a sentence is a person. For example:

*Veo **a** Marta.* – I see Marta.
*Voy a ver **a** mi primo.* – I am going to see my cousin.

But:

Veo la casa. – I see the house.
Visito Italia. – I visit Italy.

Pronunciación

g

When it comes directly before the vowels 'a', 'o' and 'u', the 'g' makes a hard sound, just as it does in English.
Examples: *ju**g**ando, **g**obierno, **g**ustar*

6 **Translate the sentences in activity 5 into English.**

7 **Look at the photo and write at least five sentences in Spanish to describe it.**

From a photo, you can describe location, people, objects or animals, and you can also give justified opinions. You can use the following expressions to help structure a description of any photo:

en la foto hay – in the photo there is / are
se puede ver – you can see
que yo vea – as far as I can see
a mi modo de ver – in my opinion
creo que – I think that
además – furthermore
a la izquierda / a la derecha / en el centro hay – on the left / right / in the centre there is / are
en primer plano hay – in the foreground there is / are
al fondo hay – in the background there is / are

8 **Read aloud your sentences from activity 7 to a partner.**

You can also use the present continuous tense:

está hablando – he / she is talking
está sonriendo – he / she is smiling
está mirando – he / she is looking at
está haciendo – he / she is doing

sesenta y siete 67

4.2G ¡Me paso el día bailando!

OBJECTIVES
- Music and the performing arts
- Present and future time phrases
- Present and future tenses – revision

1 📖 **Match these Spanish words to their correct English translation. Then decide whether each word is a noun (n), adjective (a) or verb (v).**

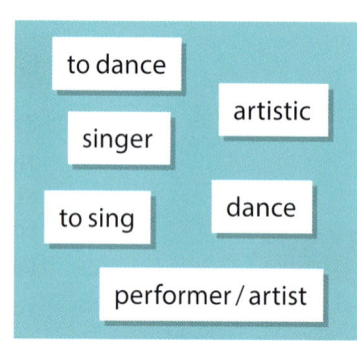

cantar · cantante · bailar · baile · artista · artístico

to dance · singer · artistic · to sing · dance · performer / artist

2 🎧 **Listen to five young people talking about their musical tastes and answer the questions in English.**

a Which decade of music does Merche love?
b What is Pascual's opinion on dancing? (two details)
c What will Rodrigo do on Friday?
d What does Espe want to be when she's older? What does her teacher say about her?
e What does Safiya do every day?

Los verbos

Present and future tenses – revision

When trying to work out the tense of a particular verb, remember:

To form the regular present tense in Spanish, the *-ar, -er* or *-ir* of the infinitive form of the verb is removed and replaced with a new ending.

Example: bail**ar** > bail**amos** – we dance

To form the regular future tense, an ending (*-é, -ás, -á, -emos, -éis, -án*) is **added** to the **end** of the infinitive.

Example: disfrutar > disfrutar**é** – I will enjoy

To form the immediate future tense, use the appropriate form of the verb *ir* (to go) in the present tense, followed by *a* and the infinitive form of the verb.

Example: **van a tocar** un instrumento – they are going to play an instrument

¡Atención!

When talking about musical instruments, the verb 'to play' is *tocar* (literally 'to touch'). In this context, you should not use *jugar*, which means 'to play' (ball sports and games).

3 🎯 **Read sentences (a–f) and decide whether each sentence is in the present (P), future (F) or immediate future (IF) tense.**

a Voy a escuchar música en mi dormitorio.
b Mi primo baila muy bien.
c Juana cantará en el teatro.
d Tocas la guitarra todos los días.
e Escucharé música con mis amigos.
f Vas a disfrutar del concierto.

4 ✂ **Translate sentences (a–f) from activity 3 into English. Make sure you translate the verbs into the correct tense!**

Gramática

Present and future time phrases

Some common time phrases you can use to refer to present and future events include:

ahora – now

de momento – at the moment

hoy – today

mañana – tomorrow

Example: *Ahora, estoy tocando la guitarra.* – Now, I'm playing the guitar.

68 sesenta y ocho

Free-time activities | **4.2G**

5 📖 **Match the correct person with each of the following questions (a–f). Write H for Hakim, A for Ada and L for Luis.**

HAKIM
" De momento, me gusta escuchar una gran variedad de música. Disfruto de la música para bailar, y me gusta pasar la noche en una discoteca o en un festival de música.

ADA
" Mañana, voy a ir a un concierto de Ana Mena. ¡Va a ser uno de los mejores espectáculos en vivo de mi vida! También, este verano iré a varios festivales de música, como el *Primavera Sound* y el *Sonar*. "

LUIS
" Este año, estoy seguro de que descubriré nuevos artistas y nuevos tipos de música. Tengo entradas para un concierto de Manuel Turizo el mes que viene. ¡Qué maravilloso!

Who…

a   has plans to go to several music festivals this summer?
b   has tickets for a concert next month?
c   enjoys dance music?
d   is going to watch a live show tomorrow?
e   likes to go clubbing?
f   is sure they will discover new artists this year?

6 📖 **Read the texts again and make a list of the time phrases you see. There are five.**

7 💬 **Practise the following role play with a partner. One of you should be Student A and the other Student B. Once completed, switch roles.**

A: ¿Qué tipo de música prefieres?
B: (Say what type of music you prefer.)
A: ¿Quién es tu artista favorito? ¿Por qué?
B: (Say who your favourite music artist is and give **one** reason why.)
A: ¿Qué opinas de los conciertos?
B: (Give **one** opinion on going to concerts. Ask your friend a question about musical instruments.)

8 ✏️ **Use your answers to activity 7 to write a paragraph of no more than 40 words about your musical preferences.**

Examples: Prefiero… Mi artista favorito es… En mi opinión…

Cultura

Music from the Spanish-speaking world enjoys international fame and is celebrated worldwide. Among the most played Hispanic artists on streaming platforms such as Spotify are Bad Bunny, J. Balvin, Ozuna, Maluma, Karol G and Shakira. Have you heard of them?

sesenta y nueve

4.2F Veo, veo… ¿Qué ves?

OBJECTIVES
- Television and film
- Adverbs of frequency
- The preterite for regular verbs, plus irregular verbs *ver* and *ir*
- Pronunciation *c*

1 📖 Look at the list of types of TV programme in Spanish and match them to the pictures (a–h).

un documental sobre el Amazonas
el tiempo
una serie de aventuras
las noticias
un programa de cocina
una telenovela colombiana
un programa de entrevistas
un concurso cultural

2 🎧 Listen to six people talking about what they watch on television. For each person (1–6), write in Spanish the type of programme from activity 1 that they describe.

3 🎧 Listen again to the people in activity 2 and write down seven adverbs or expressions of frequency you hear.

4 ✨ Complete the sentences with the correct form of the preterite tense of the verbs in brackets. Watch out for irregular verbs *ir* and *ver*.

a Ayer yo ___ (*ver*) una película muy buena.
b Anoche, Carmen ___ (*ver*) un documental sobre animales.
c En Madrid tú ___ (*escuchar*) música en vivo.
d La semana pasada yo ___ (*escribir*) sobre mi serie favorita.
e El fin de semana pasado mi amiga y yo ___ (*ir*) al parque.
f En Alicante, mis amigos ___ (*disfrutar*) del buen tiempo.

Los verbos

The preterite tense for regular verbs, plus irregular verbs *ver* and *ir*

This past tense is used to describe actions completed at a fixed point in time or during a specific period of time. It is formed by removing the *-ar*, *-er* or *-ir* of the infinitive, then adding the following endings:

pronoun	-ar	-er / -ir
yo	-é	-í
tú	-aste	-iste
él / ella / usted	-ó	-ió
nosotros / as	-amos	-imos
vosotros / as	-asteis	-isteis
ellos / ellas / ustedes	-aron	-ieron

comprar – to buy   *compré* – I bought
salir – to go out   *saliste* – you went out

There are many irregular verbs in the preterite tense. Some of these verbs are highly irregular, like the verb *ir*, whereas others only have minor changes, such as *ver*, which does not include any accents.

ir – to go: fui, fuiste, fue, fuimos, fuisteis, fueron
ver – to see: vi, viste, vio, vimos, visteis, vieron

Pronunciación

c

A letter 'c' followed by the vowels 'a', 'o' or 'u' is known as a hard 'c'. It sounds very similar to the English hard 'c', or 'k', though slightly less explosive.
Examples: **ca**da, **co**ncurso, **cu**ltural

setenta

Free-time activities 4.2F

5 Read Rocío and Pascual's opinions on cinema. Then match statements (a–f) to the correct person, Rocío (R), Pascual (P) or both (R+P).

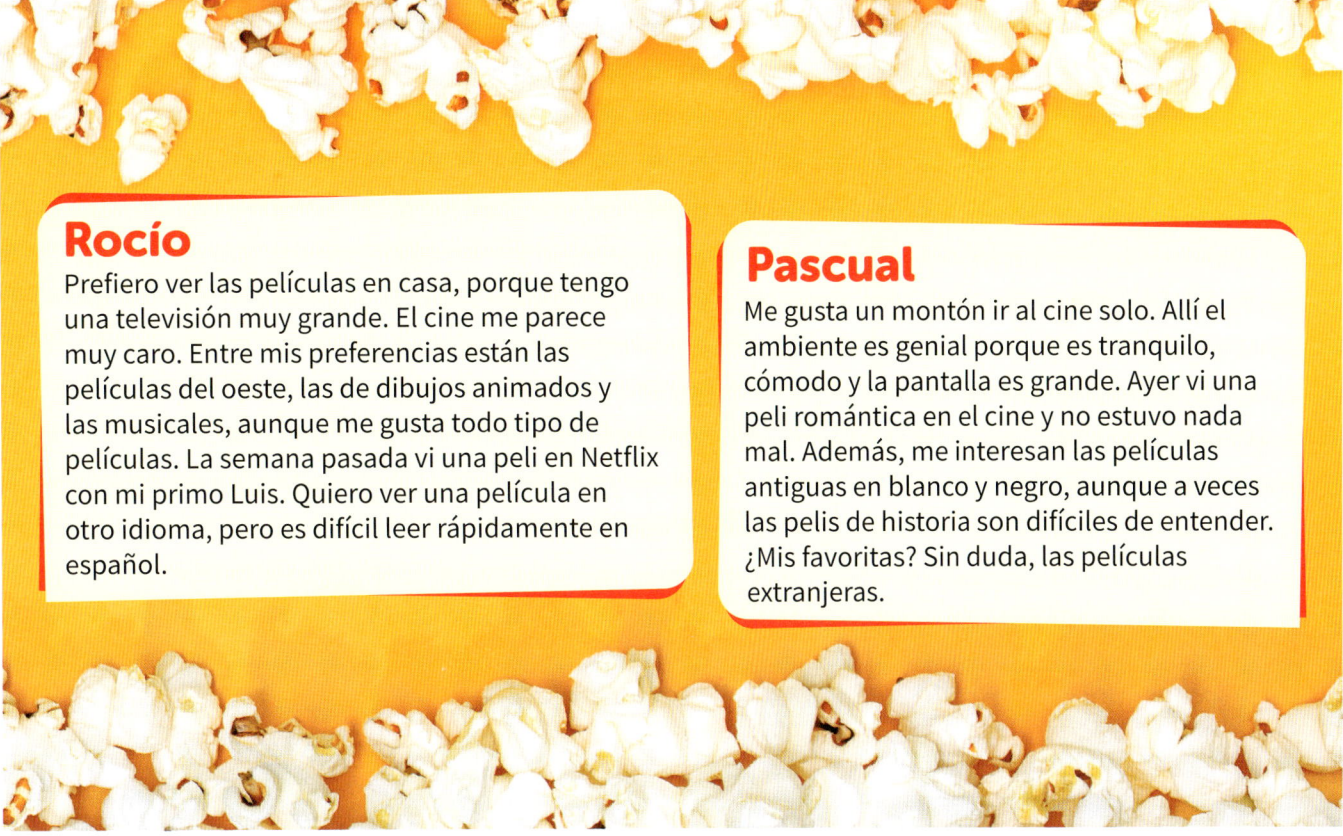

Rocío
Prefiero ver las películas en casa, porque tengo una televisión muy grande. El cine me parece muy caro. Entre mis preferencias están las películas del oeste, las de dibujos animados y las musicales, aunque me gusta todo tipo de películas. La semana pasada vi una peli en Netflix con mi primo Luis. Quiero ver una película en otro idioma, pero es difícil leer rápidamente en español.

Pascual
Me gusta un montón ir al cine solo. Allí el ambiente es genial porque es tranquilo, cómodo y la pantalla es grande. Ayer vi una peli romántica en el cine y no estuvo nada mal. Además, me interesan las películas antiguas en blanco y negro, aunque a veces las pelis de historia son difíciles de entender. ¿Mis favoritas? Sin duda, las películas extranjeras.

Who…
a has a negative opinion of the cinema?
b watches films alone?
c is interested in foreign films?
d watches films on a big screen?
e likes any type of film?
f finds subtitles hard to read?

6 Describe the last time you went to the cinema. Mention the following points:
- when and where you went
- what film you saw and what type of film it is
- your opinion of both the film and the cinema
- how often you go to the cinema
- whether you prefer to watch films at home or in the cinema
- what film you would like to watch next

Use the following language to help you structure your answer:

fui – I went

vi – I saw

fue – it was

prefiero… – I prefer…

me gustaría ver… – I would like to see…

Gramática

Adverbs of frequency

They are words that explain how often something is done. Some common examples are:

a veces – sometimes   *siempre* – always

nunca – never   *normalmente* – normally

Other common ways of expressing frequency are:

una vez / dos veces – once / twice

al día / mes / año – a day / month / year

a la semana – a week

una vez al día – once a day

cada – every

cada lunes – every Monday

todos los días – every day

7 Present your answer to your class or to a small group.

setenta y uno 71

5.1G De celebración

OBJECTIVES
- Family celebrations
- Prepositions
- Past, present and future tenses – revision

1 📖 Read Alonso's calendar entries for the year ahead and answer the questions in English.

23 de febrero
¡Fecha muy importante! Es el cumpleaños de mi abuelo. **Cumplirá** ochenta años. Mi madre **va a preparar** una fiesta sorpresa.

16 de abril
¡Aniversario de boda! Mi madre y mi padrastro **llevan** casados veinte años. **Saldremos** a cenar a un restaurante chino.

4 de junio
El día más esperado… ¡Mi hermanastra Silvia **se casa**! **Quiere** una boda sencilla, sin mucha gente. Sólo **habrá** familia y amigos importantes allí. **Voy a llevar** un traje nuevo.

30 de agosto
Mi primo Diego **nació** en enero y nos **va a visitar** por primera vez en agosto con sus padres. ¡**Tengo** muchas ganas de verlos!

17 de septiembre
Primer día de instituto de mi hermano pequeño, Simón. ¡**Estará** muy nervioso! Para ayudarlo, **voy a ir** al insti en autobús con él.

a What is Alonso's mum going to prepare for his grandad's birthday?
b How will Alonso's mum and stepfather celebrate their 20th wedding anniversary?
c What sort of wedding does Alonso's sister Silvia want?
d What will Alonso wear to the wedding?
e Why is Alonso really looking forward to seeing his cousin Diego?
f Why will Alonso's little brother Simón be nervous?
g How will Alonso help him?

¡Atención!
Whereas in English we say 'I am ___ years old', in Spanish, the verb 'to have' (*tener*) is used, rather than 'to be'.

Tengo veinte años. – I am twenty years old. (literally, 'I have twenty years.')

The verb *cumplir* means 'to turn' when talking about age.

Ana cumplirá quince años en agosto. – Ana will turn fifteen in August.

Los verbos

Past, present and future tenses – revision

Remember that there are two ways to form a future tense:

- *ir* (to go) in the present tense + *a* + infinitive
  voy a visitar – I am going to visit
  vas a comer – you are going to eat

- infinitive + ending (-é, -ás, -á, -emos, -éis, -án)
  iré – I will go
  estarás – you will be

To form the present or preterite (past) tenses, remove the -ar, -er or -ir of the infinitive and add the correct ending. See pages 168–171 for a full explanation of these.

When forming any present, past or future tense, beware of irregular verbs. If in doubt, look it up!

Customs, festivals and celebrations — 5.1G

2 **Listen to Alonso describing some of the events in his calendar. Complete each sentence in Spanish with the three exact words you hear.**

a Mi abuelo…
b La comida china…
c Silvia se casa en…
d Mi primo Diego…
e La semana que viene Simón va a…

3 **Read about Karima's celebrations and choose the four correct statements from (a–f).**

> En tres semanas, es el cumpleaños de mi madre. Voy a preparar una fiesta sorpresa en casa. La semana que viene, voy a llamar a todos mis primos, tíos y tías y a la mejor amiga de mi madre. ¡Será muy emocionante! Mi tío Hasan cantará y tocará la guitarra.
>
> Además, mi padre va a celebrar su último día de trabajo en diciembre. Empezó a trabajar hace más de cuarenta años y según sus compañeros, van a salir a comer a un restaurante. ¡Estoy muy contenta porque mi padre estará más tiempo en casa conmigo!
>
> También mi familia va a celebrar el santo de mi hermano, que se llama José, el próximo día 19 de marzo. El 'santo' es el día de tu nombre y la celebración es bastante semejante a un cumpleaños. Además, el 19 de marzo es el Día del Padre en España, así que ¡va a ser muy especial!

a Karima called all of her cousins, aunts, uncles and her mum's best friend last week.
b Karima's cousin Hasan will play the guitar.
c Karima's dad started work over 40 years ago.
d Karima is happy that her dad is going to retire.
e A 'Saints' Day' is quite similar to a birthday.
f In Spain, it is Father's Day on 19th March.

4 **Look at the photo and describe it in as much detail as possible.**

You can use the following key verbs:

hay – there is / are
lleva – he / she is wearing
es – he / she is
tiene – he / she has

5 **How are you going to celebrate your next birthday? Mention:**

- when your birthday is
- where you are going to celebrate it
- what you are going to do
- who you will celebrate it with
- what you are going to eat and drink.

Gramática

Prepositions

Some of the most common prepositions are:

a – to
con – with
contra – against
de – of, from, about
desde – since, from
en – in, on
entre – among, between
según – according to
sin – without
sobre – on, over, about
por – for

Voy a celebrar mi cumpleaños / Celebraré mi cumpleaños	en casa / en el centro de la ciudad / en un hotel / en un restaurante / en un parque temático	con	mis padres. / mis amigos/as. / mis hermanos/as. / mi familia. / mi madre / madrastra. / mi padre / padrastro. / mi mejor amigo/a.
Allí voy	a bailar / cantar / celebrar. a cenar / comer / beber.		
Va a ser	muy	divertido. emocionante. especial.	

setenta y tres

5.1F Nuestras tradiciones de siempre

OBJECTIVES
- Religious celebrations
- Past-tense time phrases
- Irregular verbs in the preterite tense
- Pronunciation *r*

1 **Rodrigo and Elisa are describing how they celebrate Christmas, New Year or Hanukkah at home. Listen carefully and decide who makes the following statements (a–g), Rodrigo (R), Elisa (E) or both (R+E).**

a Last year I got a bike!
b You have to eat twelve grapes!
c I like to spend time with family.
d My grandparents come to visit.
e My mum is a single parent.
f Lights are important.
g My sister is vegan.

La Nochebuena
La Nochevieja
Los Reyes Magos
La Janucá

2 **Translate these sentences into Spanish. Use the past tense verbs from the box. Check the verb tables on pages 178–181 to find these irregular verbs in the preterite.**

| anduviste | dije | dijo | hizo |
| pude | supo | tuve |

a I had a problem yesterday.
b Last night I told the truth.
c Last week, Sonia did her homework.
d Did you walk to the party?
e I couldn't speak to my mum.
f Two days ago, he said that he knew.

Pronunciación

r
The softer Spanish 'r' is found in the middle of a word. It is not rolled like the 'rr', or 'r' at the start of a word, but is still not at all like the English 'r'. The sound is closer to an English 'dd'.
Examples: *favorito, durante, traer*

Gramática

Past-tense time phrases
Some common time phrases you can use to refer to past events are:

ayer – yesterday
anoche – last night
pasado/a – last
el lunes pasado – last Monday
la semana pasada – last week
hace… – ago…
hace diez minutos – ten minutes ago
hace tres días – three days ago
durante – for
durante dos horas – for two hours
durante un año – for a year

74 setenta y cuatro

Customs, festivals and celebrations   **5.1F**

3 📖 Read about three traditions in the cities of Seville, Madrid and Barcelona. Find a synonym for words (a–f). They appear in the order of the text and there are two in each paragraph.

a hermosas   c diferente   e termina
b el grupo   d feliz   f enseñar

sacar una foto	take a photo
el barrio	neighbourhood
el desfile	parade
el ayuno	fasting
subir	upload

LA PASCUA

La semana antes del Domingo de Pascua en España se llama Semana Santa. Hay muchas celebraciones católicas en las calles de las ciudades, normalmente en el mes de abril. Para Adrián Téllez, un estudiante de Sevilla, 'es la mejor semana del año. Es una fiesta religiosa, pero no importa si eres religioso o no, las imágenes son tan bonitas. El martes pasado **saqué** varias **fotos** y después pude ir a escuchar la música de la banda local cerca de la Plaza de Curtidores'.

¡FELIZ AÑO NUEVO CHINO!

Esta celebración normalmente tiene lugar a principios del mes de febrero. Cada año un animal distinto tiene mucha importancia, por ejemplo, 2030 será 'el Año del Perro'. Hao, un hombre que vive en el **barrio** de Usera en Madrid, donde hay una comunidad china de más de 6.000 personas dice, 'hoy vine a esta plaza con mi mujer a celebrar el año nuevo chino. Además, hace dos horas fui al **desfile** y fue una experiencia muy alegre'.

¡FELIZ EID!

El día de Eid al-Fitr es la fiesta que pone fin a un mes de **ayuno** y es un día muy importante en la cultura musulmana. En Barcelona el año pasado, hubo muchas celebraciones familiares, con amigos y vecinos. Según Ramia Schannel, una influencer en YouTube, 'lo más importante es disfrutar de toda la comida en buena compañía después de un mes de esfuerzo'. Ramia **subió** una foto a su Instagram ayer para mostrar su desayuno la mañana del día de Eid.

4 ✂ Translate the second paragraph describing the Chinese New Year into English.

5 💬 Read aloud the last two sentences from the paragraph about Easter (from *Es una fiesta religiosa*) and ask your partner for feedback on your accent and intonation.

6 ✏ Answer the following questions in a short paragraph.
- ¿Cuál es tu fiesta favorita?
- ¿Cuándo tiene lugar esta fiesta?
- ¿Con quién la celebras?
- ¿Cuál es tu opinión sobre esta fiesta?
- Describe lo que hiciste la última vez que celebraste esta fiesta.

setenta y cinco   **75**

5.2G Carnaval, ¡te quiero!

OBJECTIVES
- *Carnaval* across Spain
- Indefinite adjectives
- Recognising the past, present and future tenses

1 📖 Read the four descriptions relating to Spanish festivals and match each of them (1–4) to the correct photo (A–D).

1 REINA DEL CARNAVAL DE TENERIFE
En Tenerife y Gran Canaria hay concursos para escoger a la reina del Carnaval. La ropa es increíble, con muchos colores.

2 CIGARRÓN DE VERÍN
En Verín, Galicia, hay personas que llevan el traje típico de color blanco y azul, y una chaqueta corta. Tienen una cara rara con ojos grandes y sonríen. También llevan un dibujo de un animal.

3 ENTIERRO DE LA SARDINA
De norte a sur de España, esta fiesta celebra el último día de Carnaval ¡con un pez muy grande! Hay mucha gente, joven y vieja. ¡El pez no es real! Es una fiesta divertida. El Entierro de la Sardina en la ciudad de Murcia es uno de los más importantes del mundo.

4 CARNAVAL DE CÁDIZ
La ciudad prepara durante meses la celebración de esta antigua tradición. Hay una semana de música y alegría. También hay grupos de muchas personas que cantan sobre muy diversos temas, incluidos problemas sociales, con tono crítico y humorístico.

Cultura

Carnaval ('Carnival' in English) is a period of celebration that typically takes place in February and March, just before Lent. In Spain, there are many different types of *Carnaval*, though most are characterised by music, singing, dancing and attractive displays. Some of the most popular are described here.

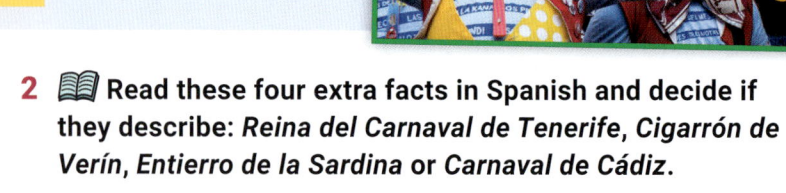

2 📖 Read these four extra facts in Spanish and decide if they describe: *Reina del Carnaval de Tenerife*, *Cigarrón de Verín*, *Entierro de la Sardina* or *Carnaval de Cádiz*.

a Hay muchas canciones con humor.
b La fiesta tiene lugar en muchos pueblos diferentes de España.
c ¡Lleva un vestido maravilloso!
d Tiene una sonrisa con grandes dientes.

Customs, festivals and celebrations   5.2G

3 🎧 **Listen to four young Spanish people (1–4) talking about Carnaval and decide if each of them is talking in the past (P), present (PR) or future (F).**

4 🎧 **Listen again and find the Spanish for the following phrases.**

  a enjoy the carnival
  b the first prize
  c the town square
  d the best festival

5 ⭐ **Read sentences (a–d) and identify the indefinite adjective in each. Then translate the sentences into English.**

  a Cada ciudad española tiene sus tradiciones.
  b Hay varios tipos de música tradicional y moderna.
  c Muchos turistas vienen a Tenerife en febrero.
  d En algunos pueblos, el ambiente es muy animado.

Now read sentences (e–h) and choose the correct form of the indefinite adjectives to complete the sentences. Make sure it agrees in gender and number with the noun that follows it.

  e No vi a **ningún**/**ninguna** persona en la plaza esta mañana.
  f Hay **alguno**/**algunos** restaurantes en el centro que ofrecen comida vegetariana.
  g Normalmente hay **mucha**/**muchas** gente en la calle.
  h Si no quieres ir a Cádiz, tienes **otra**/**otras** opciones.

6 💬 **Read aloud the following passage in Spanish and answer the question that follows. Once finished, ask a partner for feedback and then swap roles.**

"El año pasado fui a Cádiz durante una semana. Estuvo genial porque es una ciudad hermosa con mucha cultura. Voy a volver el mes que viene con varios amigos. ¡Será maravilloso!"

¿Cuál es tu fiesta favorita? ¿Por qué?

7 ✏️ **Write a brief paragraph in Spanish describing your favourite festival. You can write about a real festival you've been to or you could describe an imaginary visit to one of the Spanish festivals described in this book. Include the following points to help you structure your answer.**

- the name of the festival
- where and when it takes place
- how often you go
- who you go with
- why you like it
- what you do there

Los verbos

Recognising past, present and future tenses

Several questions in your listening and reading exam papers require you to recognise past, present and future tenses. To do so effectively, you should try to pick out:

- particular time phrases, such as *ayer* or *el mes que viene*
- conjugated verbs (those which are not in the infinitive form)

Gramática

Indefinite adjectives

They describe nouns in a general way, without reference to a precise quantity. With the exception of *cada*, the following indefinite adjectives change to agree in gender and number with the noun that follows them.

Indefinite adjective	English
algún, alguna, algunos, algunas	some, any
varios, varias	several
muchos, muchas	many
otro, otra, otros, otras	another, other
todo, toda, todos, todas	all
ningún, ninguna, ningunos, ningunas	not a single (one)
cada	every, each

setenta y siete   77

5.2F Latinoamérica celebra la vida

OBJECTIVES
- Latin American festivals
- Apocopation of adjectives
- *antes de, después de, al* + infinitive
- Pronunciation *ch*

1 Listen to the descriptions of *Día de Muertos* and *Feria de las Flores*. Then choose the correct option (a–c) to complete the sentences.

1. Day of the Dead takes place on the…
   a. 12th November.
   b. 2nd November.
   c. 2nd December.
2. The origins of the tradition are…
   a. Catholic.
   b. Mexican.
   c. both Catholic and Mexican.
3. The atmosphere is full of…
   a. sadness and death.
   b. joy and life.
   c. tension and emotion.
4. The *Feria de las Flores* is celebrated…
   a. every August.
   b. in all of Colombia's cities.
   c. in the east of Colombia.
5. This year, the festival will have more than 4,000…
   a. different activities on offer.
   b. typical foods to try.
   c. foreign tourists in attendance.

2 Complete the sentences with the correct form of the adjectives in brackets. Apply the rules of apocopation.

a. No hay desfiles hoy a causa del ___ (*malo*) tiempo.
b. En Colombia, es famosa la ___ (*grande*) Feria de Cali.
c. El ___ (*primero*) día del Carnaval fue increíble.
d. No hay ___ (*ninguno*) supermercado en el pueblo.
e. Voy a ser profesora ___ (*alguno*) día.
f. Mi tío es un ___ (*bueno*) hombre.

Gramática

Apocopation of adjectives

Some adjectives can be placed before a noun. When placed before a masculine noun, they have a shortened form.

bueno > buen – good
un buen ambiente – a good atmosphere
malo > mal – bad
un mal olor – a bad smell
primero > primer – first
en primer lugar – in the first place
tercero > tercer – third
el tercer día – the third day
alguno > algún – some, any
en algún momento – at some point
ninguno > ningún – not a single, no
ningún problema – no problem

Grande is shortened to *gran* when placed before a masculine **or** feminine noun, and means 'great'.

una gran fiesta – a great party
un gran amigo – a great friend

Customs, festivals and celebrations 5.2F

3 📖 Read this tourist leaflet from the historic city of Cusco, Peru. Complete the text with the words from the box below.

gran   aprender   entre   teatro   antes   bebe

Este año **1** ___ el 20 y 23 de junio, Cusco se viste de alegría para celebrar el *Inti Raymi*, una fiesta que en lengua quechua significa 'fiesta del sol'. Hay carnavales, música y **2** ___ en las calles de la ciudad.

Consejos para turistas:
- ¡**3** ___ mucha agua! Hará calor y estarás mucho tiempo en la calle.
- Es importante ponerse zapatos cómodos **4** ___ de salir del hotel.
- Después de ver las celebraciones, puedes visitar los museos de la ciudad para **5** ___ más sobre nuestra cultura.
- ¡Trae tu móvil o una cámara! Al llegar a esta **6** ___ fiesta, vas a sacar muchas fotos desde el primer día.

4 🔀 Translate the four pieces of advice from activity 3 into English.

5 🔀 Translate these sentences into Spanish.
- a Before going to Mexico, I am going to buy a suitcase.
- b I went to the party with a good friend.
- c After studying the great history of Peru, I visited Cusco.
- d On entering the kitchen, I saw a lot of delicious food.
- e The first hotel is very clean and modern.

6 💬 Research one of the following Latin American festivals online and present five or more facts in Spanish about it to your class.
- La Fiesta de la Vendimia in Mendoza, Argentina
- Mistura, in Lima, Peru
- Tapati Rapa Nui, Isla de Pascua, Chile

Example: · Se celebra en…
· Las principales características de esta fiesta son…
· La fiesta es popular por su…
· En mi opinión, esta fiesta es interesante porque…

Mention:
- when it takes place
- its main features
- the number of visitors
- why it is popular
- your opinion of it.

Gramática

antes de, después de, al + infinitive

When translating the sentences in activity 4, note that in English we use the gerund form of the verb (ending in -ing) with the following constructions, not the infinitive as in Spanish:

al… – on / upon…
antes de – before…
después de – after…
al llegar – on arriving
antes de ir – before going
después de comer – after eating

Pronunciación

ch

The 'ch' sound is an easy one to master as it is the same as the English 'ch' found in 'church' and 'cheese'. Whereas in English, 'chef' is much softer, in Spanish it always retains the harder sound.
Examples: *Quechua, Chile, coche*

Cultura

Quechua is an official language of Perú and Bolivia. It has approximately 10 million speakers and was the main language of the Inca Empire for more than four centuries.

setenta y nueve 79

6.1G La alfombra roja de los premios Goya

OBJECTIVES
- Celebrity fashions
- Revising adjective agreement
- Key verbs in the imperfect tense

1. 📖 Look at the photos of four Spanish-speaking celebrities attending award ceremonies. Read sentences (a–f) and match each sentence to the correct photo.

Lupita Nyong'o | **Brays Efe** | **Ozuna** | **Laura Galán**

| el anillo | ring |
| de rayas | striped |

a Lleva un vestido negro con una chaqueta blanca y larga.
b Lleva gafas de sol.
c Lleva un vestido de muchos colores diferentes.
d Su chaqueta es verde y negra; lleva un **anillo** en la mano derecha.
e La corbata roja que lleva es muy bonita.
f Su traje negro es **de rayas** amarillas, rojas, blancas y azules.

Cultura

First established in 1987, the Goya Awards are Spain's premier national annual film awards. Just like the Oscars, awards are given across a wide range of categories. They are named after Francisco de Goya, one of the most important Spanish artists of the late 18th and early 19th centuries.

2. Choose the correct adjective to complete the phrases / sentences.

a una camisa **pequeño** / **pequeña**
b unos zapatos **verde** / **verdes**
c Las flores son **rojos** / **rojas**.
d La actriz Lupita Nyong'o es muy **simpático** / **simpática**.
e La cantante Rosalía tiene el pelo **negro** / **negra**.

Gramática

Revising adjective agreement

Remember, adjectives agree in gender and number with the noun they describe. They are normally positioned after the noun.

la camisa blanca – (the) white shirt
la falda verde y larga – (the) long, green skirt
los zapatos negros y cómodos – (the) black, comfortable shoes

ochenta

Celebrity culture   **6.1G**

3 ⇄ **Translate these sentences into English. Check whether the verb is in the imperfect tense ('used to...') or the present tense.**

- a A veces llevo pantalones, pero antes siempre llevaba trajes.
- b Había un cine muy grande en mi pueblo.
- c Ahora soy un poco perezoso, pero de niño era muy activo.
- d Vivo en España, pero tenía muchos amigos en México.
- e Julia llevaba uniforme cuando era pequeña.
- f Tengo el pelo castaño y corto, pero de bebé tenía el pelo rubio y largo.

Los verbos

Key verbs in the imperfect tense

The imperfect tense is a past tense used to describe actions or events that were ongoing or habitual in the past. In English, it is commonly translated as 'used to …' and has the same form in the first and third persons singular.

era – I used to be, he/she used to be
tenía – I used to have, he/she used to have
llevaba – I used to wear, he/she used to wear
había – there used to be

---

4 🎧 **Listen to the report from the red carpet of a recent awards ceremony. Complete each gap (1–5) with the one word you hear. Try to spell each missing word as accurately as possible.**

¡Bienvenidos a la ceremonia de este año! Todos los **1** ___ están nerviosos, pero bien preparados para la **gala**.

El actor Martín Rivas lleva un pantalón y chaqueta del **2** ___ color, con una camisa amarilla.

La actriz Belén Cuesta lleva un vestido de tres colores diferentes, con un **sombrero** rosa. Belén llevaba faldas largas, pero ¡este año el **3** ___ es grande!

El actor **4** ___ Manu Ríos es muy moderno y lleva un pantalón corto con una camiseta de flores.

La actriz **cubana** Ana de Armas nunca tenía suerte, pero este año tiene una nominación por primera **5** ___. Ella viste muy elegante.

la gala	ceremony
el sombrero	hat
cubano/a	Cuban

---

5 🎧 **Listen to the report again and answer the questions in English.**

- a How are the celebrities feeling about the award ceremony? (two details)
- b What exactly is the actor Martín Rivas wearing? (three details)
- c What exactly is the actress Belén Cuesta wearing? (two details)
- d What did Belén use to wear?
- e What exactly is the young actor Manu Ríos wearing? (two details)
- f How do we know Ana de Arma's luck at the Goya awards has changed?
- g How is Ana's style described?

Me gusta Prefiero Suelo	llevar	una camisa/camiseta/chaqueta/corbata/falda. un pantalón (corto)/sombrero/vestido. unos zapatos.
Cuando yo era pequeño/a	llevaba	una camiseta. un pantalón (corto).
	era	alto/a. bajo/a. delgado/a.
	tenía	el pelo largo/corto/rubio. gafas/pecas.
Pienso Creo Opino	que mi uniforme es	cómodo/incómodo. elegante/guay.

---

6 💬 **Practise the role play with a partner. One of you is person A, and the other person B. Once completed, switch roles.**

A: ¿Qué tipo de ropa te gusta llevar?
B: (Say what clothes you like to wear.)

A: ¿Qué opinas del uniforme?
B: (Give **one** opinion about school uniform. Ask your friend a question about clothes.)

ochenta y uno   **81**

6.1F Lola y Rosalía, ayer y hoy

OBJECTIVES
- Comparing and contrasting two female icons
- Suffixes *-ísimo* and *-ito*
- The imperfect tense in full
- Pronunciation *a, e, i*

1 Read the texts on Lola Flores and Rosalía and decide whether each phrase (a–f) refers to Lola (L), Rosalía (R) or both (R+L).

ROSALÍA

Rosalía es una de las estrellas de la música más importantes del mundo. Nació en 1992 y su **estilo** moderno tiene muchas **influencias**, como el flamenco, la música **urbana** y el hip hop. A veces canta con otros artistas famosos como Ozuna, The Weeknd o Billie Eilish.

Cuando era más joven, Rosalía estudiaba música todos los días porque quería ser cantante profesional. Ahora, gana muchos premios en Europa y Estados Unidos, y sus vídeos en YouTube tienen millones de visitas.

LOLA FLORES

Lola nació en el año 1923 y murió en el 1995. Fue una cantante, actriz y artista única en España. Era, y todavía es, un **icono** de la cultura popular porque siempre tenía muchísima energía y su personalidad era fuerte y animada.

Lola tuvo mucha **fama** internacional en la televisión y en el cine. Siempre bailaba y cantaba flamenco de una **forma** muy personal. En 1951 viajó a América por primera vez y tuvo mucho éxito en México y en Estados Unidos.

a an actress and movie star
b a fan of flamenco music
c a strong character
d a student of music in her childhood
e an online star
f a success in the USA

el estilo	style
la influencia	influence
urbano/a	urban
el icono	icon
la fama	fame
la forma	way

2 Listen to two short statements. Write one word in Spanish in each gap according to what you hear. Check carefully that your spelling is accurate.

Lola Flores

Sus fotos, ___ y ___ siguen ___ muy ___. Me ___ que nunca ___ a pasar de ___.

Rosalía

El ___ pasado, la ___ ___ en ___ de ___ conciertos en ___.

3 Read the texts in activity 1 again. Find six examples of different verbs in the imperfect tense and translate them into English.

ochenta y dos

4 Complete each sentence with the correct imperfect tense form of the verbs in brackets. Then translate the sentences into English.

a Tú siempre ___ (*escuchar*) música pop.
b Mi hermana ___ (*llevar*) gafas.
c De niña, mi madrastra ___ (*vivir*) en Barcelona.
d Cada verano, mi familia y yo ___ (*visitar*) a nuestros abuelos.
e Por la mañana, los niños ___ (*beber*) leche en la escuela.
f Mis amigos y yo ___ (*ver*) una película en el cine todos los sábados.
g Los profesores de mi escuela primaria ___ (*ser*) muy simpáticos.
h Cuando yo ___ (*ser*) pequeña, ___ (*jugar*) en el jardín todos los días.

5 Read these statements about Lola Flores and Rosalía and decide whether each one is positive (P), negative (N) or positive and negative (P+N).

a Pienso que la música de Rosalía es <u>muy buena</u>. Sus canciones son increíbles.
b Opino que no hay otra artista como Lola Flores. Es la mejor de todos los tiempos.
c Los conciertos de Rosalía son muy emocionantes, aunque ¡las entradas son <u>muy caras</u>!
d Lo siento, pero la música y las películas de Lola Flores me interesan muy poco.
e Es verdad que la música de Rosalía siempre me hace querer bailar.
f Lola Flores es una cantante <u>muy importante</u>. Cantaba y bailaba con mucha pasión.

6 Read the underlined words in sentences a, c and f in activity 5 again. Rewrite them using the suffixes *-ísimo*, *-ísima*, *-ísimos* or *-ísimas* as required.

Pronunciación

a, e, i
Spanish vowels are shorter in duration than their English equivalents. The vowels 'a', 'e' and 'i' sound a bit like those taught to young children as part of the English phonetic alphabet ('a' as in 'apple', 'e' as in 'net' and 'i' as in 'meet').
Examples: a**ñ**o, **e**s, n**i**ño, Am**é**rica

Los verbos

The imperfect tense in full

The imperfect tense is used to describe a past action that does not have a clear beginning or end:

- when saying what people or things used to be like.
  De niño, siempre comía chocolate. – As a child, I always ate / used to eat chocolate.
- when describing what someone or something was like.
  Mi abuelo tenía los ojos verdes. – My grandfather had green eyes.

The imperfect tense is formed by removing the *-ar*, *-er* or *-ir* endings of the infinitive, then adding the following endings:

	-ar verbs	*-er* and *-ir* verbs
yo	-aba	-ía
tú	-abas	-ías
él / ella / usted	-aba	-ía
nosotros / as	-ábamos	-íamos
vosotros / as	-abais	-íais
ellos / ellas / ustedes	-aban	-ían

There are three irregular verbs in this tense:

	ser (to be)	*ir* (to go)	*ver* (to see)
yo	era	iba	veía
tú	eras	ibas	veías
él / ella / usted	era	iba	veía
nosotros / as	éramos	íbamos	veíamos
vosotros / as	erais	ibais	veíais
ellos / ellas / ustedes	eran	iban	veían

Gramática

Suffixes *-ísimo* and *-ito*

You can convey the idea of 'very', 'really' or 'extremely' in Spanish by using the suffixes *-ísimo*, *-ísima*, *-ísimos*, *-ísimas* at the end of an adjective.

es lento > es lentísimo – he is slow; he is really slow
son inteligentes > son inteligentísimos – they are intelligent; they are really intelligent

You can say something is smaller by adding *-ito*, *-ita*, *-itos* or *-itas* to the end of a noun or adjective.

la mesa – the table; *la mesita* – the little table
bajo – short; *bajito* – very short

6.2G Una TikToker sin descanso

OBJECTIVES
- Daily routines
- Adverbs (including those with *-mente*)
- Reflexive verbs
- Pronunciation *v*

1 Look at the pictures. Listen to Casilda, a Spanish TikToker, describing her daily routine. Read the sentences and complete each gap with the correct word from the box below. Be careful! There are three words that you don't need.

rápidamente vivo grabo vuelvo saco deberes eventos
cambio normalmente despierto me lavo limpio

a Por la mañana, me **1** ___ y me levanto **2** ___.

b Desayuno. Luego me **3** ___ de ropa.

c **4** ___ vídeos de bailes divertidos.

d A las once y cuarto, **5** ___ mi habitación.

e Voy a **6** ___ con mis amigos famosos y **7** ___ muchas fotos.

f Finalmente, **8** ___ a casa, ceno y grabo un vídeo en **9** ___ para mis seguidores.

2 Translate the sentences from activity 1 into English.

Cultura

There are many Spanish-speaking influencers with a large online presence on platforms such as TikTok, Instagram, Twitch and YouTube. Some of the most famous are Ibai and El Rubius. From streaming videogames to showcasing their lifestyle, their content can be quite varied. To help your Spanish, check them out online and see what they are up to!

Los verbos

Reflexive verbs

They are used when someone does an action for themselves. The *se* at the end of the infinitive form of the verb indicates that the verb is reflexive and must be conjugated with an appropriate reflexive pronoun.

levantarse	to get up
me levanto	I get up
te levantas	you (sing.) get up
se levanta	he / she gets up
nos levantamos*	we get up
os levantáis*	you (pl.) get up
se levantan*	they get up

*Higher tier only

84 ochenta y cuatro

Celebrity culture   **6.2G**

3 📖 **Four Spanish students are giving their opinions on some famous Hispanic influencers. Match the students to the questions (a–e).**

Write **M** for Manuel, **B** for Bea, **S** for Santiago and **N** for Nadia.

> **Manuel**
> Ibai se va a dormir muy tarde porque siempre juega a videojuegos por la noche. ¡Pienso que sus vídeos son estupendos!

> **Bea**
> En estos momentos, mi *TikToker* favorita es Lola Lolita porque me encanta la moda y en mi opinión, ella viste muy bien.

> **Santiago**
> Normalmente me levanto temprano y uso mi tableta, pero no sigo a los grandes *influencers* porque son bastante aburridos.

> **Nadia**
> Si tengo tiempo por la mañana, veo los vídeos de El Rubius en mi móvil. Después, me lavo los dientes y me pongo el uniforme.

a Who watches videos on their mobile in the morning?
b Who is interested in fashion?
c Who has a negative opinion of influencers?
d Who watches videos about gaming?
e Who normally gets up early?

4 📖 **Find the following expressions in the text.**

a very late   c I do not follow   e afterwards
b at the moment   d if I have time

5 ⭐ **Choose the correct option to complete the sentences.**

a **Me / Te / Se** despierto a las siete menos cuarto.
b Mi hermana siempre **me / te / se** lava los dientes a las siete y media.
c ¿A qué hora **me / te / se** levantas normalmente? ¿Tarde o temprano?

Pronunciación

v

In Spanish, the letter 'v' is pronounced like the English letter 'b'.
Examples: *vivo, voy, vuelvo, evento, me levanto, vídeos*

6 💬 **Compare your morning routine with your partner's by asking and answering the following questions.**

A: ¿A qué hora te despiertas?
B: Me despierto a las…
A: ¿A qué hora te levantas?
B: Me levanto…
A: ¿A qué hora te lavas los dientes?
B: Me lavo…
A: ¿A qué hora te vistes?
B: Me visto…
A: ¿A qué hora desayunas?
B: Desayuno…
A: ¿A qué hora sales de casa?
B: Salgo…

7 ✏️ **Your Spanish friend would like to know a bit more about your daily life. Write a brief description (30–40 words) of your morning routine, including at least:**

- 3 reflexive verbs (*me…*)
- 3 different times (*a las…*)
- 3 adverbs (see Grammar box)

Gramática

Adverbs (including those with *-mente*)

Common adverbs that end in *-mente* are:
normalmente – normally
rápidamente – quickly
lentamente – slowly
finalmente – finally

However, not all adverbs end in *-mente*! You should also know:
primero – first / firstly
luego – then
después – after/afterwards
antes – before
a veces – sometimes
siempre – always
nunca – never

ochenta y cinco   85

6.2F Famosos que valen la pena

OBJECTIVES
- Debating celebrities as role models
- Pronunciation *o, u*
- Using three time frames
- Possession with *de*

1 📖 Read the profiles of two Hispanic actresses and decide if the statements are true (T), false (F) or not mentioned (NM).

YALITZA APARICIO

Yalitza es una actriz mexicana de Oaxaca, una ciudad al sur de México. Habla español e inglés, pero también habla triqui y mixteco, dos idiomas **indígenas**. Fue la primera actriz indígena en recibir una **nominación** a los premios Oscar y en estos momentos es una de las mujeres más importantes del cine latinoamericano. Yalitza va a continuar hablando de las comunidades indígenas en la televisión, cine e Internet, porque piensa que estas comunidades no tienen voz.

ROSARIO DAWSON

Rosario es una actriz de **ascendencia** cubana y **puertorriqueña**. De niña, vivía en Nueva York. Participó en muchas películas y programas de televisión, y su papel como Ahsoka Tano en *Star Wars* la hizo mucho más famosa. Ella está usando su fama para apoyar a organizaciones como Oxfam y Voto Latino. En Voto Latino, Rosario dará **visibilidad** a los jóvenes latinos en Estados Unidos para que puedan votar y tener más participación en la vida social y cultural del país.

a Yalitza speaks four languages.
b Yalitza has won an Oscar.
c Yalitza thinks that indigenous communities are underrepresented in the media.
d Rosario used to live in Cuba.
e Rosario's highest paid role was in *Star Wars*.
f Rosario wants more young latinos in the USA to be able to vote.

indígena	indigenous (native)
la nominación	nomination
la ascendencia	heritage
puertorriqueño/a	Puerto Rican
la visibilidad	visibility

2 📖 Read the profiles again and complete the table, making a list of verbs that appear in a past, present or future time frame.

Past time frame	Present time frame	Future time frame

Pronunciación

a, e, i

The Spanish vowels 'a', 'e' and 'i' are shorter in duration than their English equivalents. They sound a bit like those taught to young children as part of the English phonetic alphabet ('a' as in 'apple', 'e' as in 'net' and 'i' as in 'meet'.

Examples: *año, es, niño, América*

o, u

The Spanish vowel sound 'o' is much shorter and less pronounced that the distinct English 'o'. The 'u' is similar to the 'oo' in the English word 'moon', with the lips rounded, almost closed.

Saying the 'o' and the 'u' correctly is essential for a good Spanish accent.

Examples: s**o**lo, **U**r**u**guay, m**u**ch**o**

ochenta y seis

Celebrity culture — 6.2F

3 🎧 **Listen to the report about a Spanish footballer and answer the questions in English.**

- a Where is Pedri from? (two details)
- b What are the aims of the project Pedri is participating in? (two details)
- c What is Pedri sure about?
- d What does Pedri no longer do on the football pitch?

4 ⭐ **Complete the sentences by translating the words in brackets into Spanish.**

- a ___ (*Pedri's family*) vive en el norte de Tenerife.
- b ___ (*Zara's clothing*) es muy moderna.
- c ___ (*Rosalía's songs*) son únicas.
- d ___ (*Real Madrid's stadium*) es muy grande.
- e ___ (*Pedro Almodóvar's films*) son muy emocionantes.
- f ___ (*Frida Kahlo's house*) es un museo.
- g ___ (*My brother's car*) es blanco.
- h ___ (*My friend's father*) está enfermo.

Gramática

Possession with *de*

In Spanish, the preposition *de* is used to express possession:

*la hermana **de** David* – David's sister

*el dormitorio **de** mi primo* – my cousin's bedroom

5 ✂ **Translate this paragraph into English.**

> Las organizaciones españolas con más seguidores en X (Twitter) son: Fundación Internacional de Derechos Humanos, Greenpeace España, Médicos sin Fronteras, Amigos de la Tierra y Unicef España. ¿Apoyarás su trabajo este año? Puedes encontrar más información sobre estas conocidas organizaciones en sus páginas web y en las redes sociales.

6 ✏ **Choose a celebrity and explain whether you think they are a good role model or not, justifying your opinion with details. Use the box below to structure your answer.**

un modelo a seguir – role model

En mi opinión, Que yo sepa, A mi modo de ver,	___ es un buen modelo a seguir porque es…	comprensivo/a educado/a generoso/a simpático/a inteligente humilde sincero/a trabajador/a optimista	y también pero aunque	me inspira mucho. apoya a organizaciones como… usa su fama para ayudar a… dona dinero a… da visibilidad a… continúa hablando de…
	___ **no** es un buen modelo a seguir porque es…	agresivo/a egoísta antipático/a deshonesto/a maleducado/a perezoso/a pesimista		

7 💬 **Share your answer to activity 6 with a partner. At first, use your written answer to help you, then try again, speaking from memory.**

ochenta y siete 87

Theme 2

Cultura
¡Que la fiesta no pare!

Festivals are an important part of Spain's cultural heritage. They take place across many different parts of the country throughout the year, and proudly showcase the identity of the different regions via their rich histories and unique customs. Many of the festivals attract thousands of tourists and some can even be traced back to ancient civilisations!

Ramón Vázquez es un YouTuber que hace vídeos de sus viajes culturales por España.

"El año pasado fui a varios festivales y descubrí mucho sobre las costumbres más antiguas y tradicionales de España. Mis favoritas fueron las Fallas de Valencia, la Feria de Abril de Sevilla y San Isidro en Madrid."

LAS FALLAS

Este **espectacular** festival se celebra en Valencia en el mes de marzo. En muchas calles de allí se pueden ver las fallas – unas **esculturas** de **cartón** muy bonitas. ¡La ciudad parece un museo al aire libre! Las fallas **se queman** al final de la semana, menos unas que van a un museo. La última noche del festival se llama 'La Nit del Foc' en Valencia, que en castellano significa 'La Noche del Fuego'. Hay muchos **fuegos artificiales** por toda la ciudad.

LA FERIA DE ABRIL

Durante la semana de la Feria de Abril, Sevilla experimenta una enorme **transformación**. Se prepara una zona a las afueras de la ciudad donde hay una gran fiesta durante el día y la noche. Se pueden ver vestidos flamencos y es posible montar a caballo. El animado ambiente es lo mejor de la experiencia.

SAN ISIDRO

Si llegas a Madrid el día 14 de mayo, vas a ver las tradiciones de la fiesta de San Isidro, como **la verbena** en la **pradera** y un baile típico que se llama chotis. Durante la semana de San Isidro hay muchos **eventos**, conciertos y ¡hasta una **regata** en el río Manzanares!

Theme 2

1 Read each of the following statements made by Ramón Vázquez and decide whether they refer to *Las Fallas*, *La Feria de Abril* or *San Isidro*.

- a It takes place on the outskirts of the city.
- b The city is like an open-air museum!
- c There are some traditional dances.
- d You can go horse-riding.
- e There are lots of fireworks.
- f There are activities on the river.
- g Some sculptures are preserved.
- h The atmosphere is very lively!

espectacular	spectacular
la escultura	sculpture
el cartón	cardboard
quemar	to burn
los fuegos artificiales	fireworks
la transformación	transformation
la verbena	open-air fair (usually with dancing)
la pradera	meadow
el evento	event
la regata	regatta

Cultura

El día de Sant Jordi (Saint George's Day) is a unique Catalonian celebration that takes place on 23rd April. On this day, it is customary for people to exchange gifts; typically, a book and / or a rose. Stalls are set up in the squares and along the streets of Barcelona, creating a real buzz across the city!

2 Listen to four people (Marcelo, Lorena, Manuel y Noa) share their experiences of the Festival of Sant Jordi in Barcelona.

Write **P** for a **positive** opinion.
N for a **negative** opinion.
P+N for a **positive** and **negative** opinion.

una leyenda	a legend
matar	to kill
regalar	to give (someone something) as a present

3 Read the extracts from the audioscript and complete the English translations with the correct words.

- a Mantener las tradiciones – To … the traditions
- b Pienso que es un día agradable – I think it is…
- c Hay muchísimas tiendas de libros en las calles – There are so many…
- d Las flores solo duran cuatro o cinco días en casa – The flowers only…

Research online one of the following Spanish festivals:

- San Fermín
- La Tomatina
- La Feria de Málaga
- La Semana Grande de Bilbao
- La Tamborrada

Note down in Spanish:
- when and where the festival takes place.
- when it first started.
- its main features.
- why you think it is so popular.

¡Atención!

Researching in Spanish online

To find Spanish-language information on the Internet, try the following:

- Only enter Spanish words in the search box of the search engine you are using. For example, type in 'información Feria de Abril, Sevilla' into google.es.
- Use Wikipedia en español.
- Visit very well-known Spanish news websites such as *El País* and use their search tool (look out for the 🔍 symbol).

Spanish is the third most commonly used language on the Internet, so there is plenty of useful information for you to find!

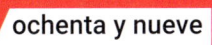

ochenta y nueve 89

Theme 2 — Grammar practice

Demonstrative adjectives

1 Write the correct demonstrative pronoun (*este, esta, estos, estas, ese, esa, esos* or *esas*) before each noun.

a this morning – ___ mañana
b that music – ___ música
c these people – ___ personas
d at that moment – en ___ momento
e this hobby – ___ pasatiempo
f those films – ___ películas
g this week – ___ semana
h these instruments – ___ instrumentos
i that book – ___ libro
j these days – ___ días

The present tense and radical-changing verbs

2 Complete the sentences with the correct present form of the verbs in brackets.

a En la Feria de Abril, la gente ___ (cantar) y ___ (bailar).
b Marta, ¿___ (visitar) a tu abuelo todos los días?
c Hoy los gemelos ___ (tener) catorce años.
d Durante el Carnaval de Santa Cruz de Tenerife, ¡yo no ___ (dormir) mucho!
e Nosotros ___ (celebrar) el cumpleaños de mi padrastro.
f Mi hermana no ___ (querer) ir a la fiesta.
g En la Fiesta de San Fermín, cientos de personas ___ (correr) delante de los toros.
h Yo personalmente ___ (preferir) ir al festival de música.
i En la Tomatina de Buñol, mis amigos y yo ___ (lanzar) cientos de tomates en la plaza.

The present continuous

3 Complete the sentences. Choose the correct present form of *estar* and add the gerund of the verbs in brackets.

a Rosalía **estoy** / **estás** / **está** ___ (grabar) su nueva canción.
b Yo **estoy** / **está** / **estáis** ___ (leer) un libro de Isabel Allende.
c Pedri y Gavi **está** / **estamos** / **están** ___ (jugar) muy bien.
d Chicos, ¿**estás** / **estamos** / **estáis** ___ (ver) el concierto de Ozuna?
e Los seguidores de Lupita Nyong'o **está** / **estás** / **están** ___ (esperar) su nueva película.
f Nosotros **estamos** / **estáis** / **están** ___ (seguir) a Shakira en Instagram.

The personal *a*

4 Insert the personal *a* in the correct position in each sentence. Then translate the sentences into English.

a Esta mañana vi María y Pepe.
b Vamos a visitar nuestros abuelos en diciembre.
c Encontré mi amigo en el parque.
d Hoy tengo que llamar mi madre.
e Laura quiere invitar su novia a la fiesta.
f Busco mi hermano. ¿Sabes dónde está?

Popular culture — Theme 2

The preterite tense

5 Complete the sentences with the correct preterite form of the verbs in brackets.

a El pasado julio, mis amigos y yo ___ (visitar) Pamplona.
b El sábado, mi equipo de fútbol favorito ___ (ganar) el partido.
c Ayer, yo ___ (ir) al cine y ___ (ver) una película de acción.
d Anoche, mi hermano ___ (tocar) la guitarra.
e Ayer yo ___ (comer) mucha fruta.
f Esta mañana mis padres ___ (desayunar) a las siete.
g ¿Vosotros ___ (celebrar) la Semana Santa en Sevilla el pasado abril?
h El verano pasado, yo ___ (conocer) a una persona muy especial en una fiesta de cumpleaños.

Adverbs

6 Complete the paragraph with the correct adverbs. Unscramble the letters in bold.

Por la mañana, (a) **ripremo** me despierto y me levanto; (b) **guelo** desayuno. A las ocho, me visto (c) **ripadánemte** y (d) **pesdués**, me lavo los dientes. A las ocho y veinte, (e) **mamrolenten** cojo el autobús para ir al instituto, pero voy andando (f) **daca** viernes. Creo que (g) **nancu** llego tarde.

Prepositions

7 Complete the sentences with the correct preposition from the box below.

en   contra   entre   desde   delante de   sin

a Hay un cine ___ la estación de tren.
b Escucho música rap ___ mi tiempo libre.
c Personalmente, estoy en ___ de las corridas de toros.
d TikTok es cada vez más popular ___ los jóvenes.
e Prefiero el café ___ azúcar.
f Hoy, el presidente viaja ___ Bolivia a Perú.

Irregular verbs in the preterite tense

8 Complete the sentences with the correct preterite form of the verbs in brackets.

a Mi hermano ___ (decir) que su cantante favorita es Rosalía.
b Yo no ___ (poder) ir al concierto ayer.
c Mis amigos ___ (tener) que comprar dos entradas.
d Tú ___ (venir) al festival el año pasado.
e El año pasado, mi amigo ___ (andar) el Camino de Santiago.
f Luis le ___ (dar) un regalo a mi madre.
g Carmela, ¿___ (saber, tú) hacer los deberes de matemáticas anoche?
h Nosotros ___ (estar) en casa de Marta el viernes pasado.

Los verbos

Irregular verbs in the preterite tense

There are some highly irregular verbs in the preterite tense. Some of the most common are:

andar	to walk (anduve – I walked, anduviste – you walked, anduvo – he/she walked)
dar	to give (di – I gave, diste – you gave, dio – he/she gave)
decir	to say/tell (dije – I said/told, dijiste – you said/told, dijo – he/she said/told)
estar	to be (estuve – I was, estuviste – you were, estuvo – he/she was)
hacer	to do (hice – I did, hiciste – you did, hizo – he/she did)
poder	to be able to (pude – I could, pudiste – you could, pudo – he/she could)
saber	to know (supe – I knew, supiste – you knew, supo – he/she knew)
tener	to have (tuve – I had, tuviste – you had, tuvo – he/she had)
venir	to come (vine – I came, viniste – you came, vino – he/she came)

Theme 2 — Grammar practice

Recognising past, present and future tenses

9 Decide whether each sentence is in a past, present or future tense. Then choose the correct time phrase to complete the sentences.

a **Ayer** / **Mañana**, mis hermanos y yo iremos a la mezquita.
b Fui al festival de jazz **el verano pasado** / **el verano próximo**.
c **Anoche** / **Hoy** vamos a ir a un restaurante mexicano.
d ¡El cumpleaños de mi amigo Rafa va a ser muy divertido! Lo celebraremos el sábado **que viene** / **pasado**.
e ¿Quieres venir al concierto conmigo **ahora** / **ayer**?
f Saldré con mis amigos **esta noche** / **anoche**.
g **De momento** / **Ayer**, estamos en Sevilla.
h **Anoche** / **Mañana** vi a mi prima Ana en la fiesta.
i Los turistas van a viajar a Buñol **en agosto** / **el agosto pasado**.

Indefinite adjectives

10 Choose the correct form of the indefinite adjectives to complete the sentences.

a **Todos** / **Todas** los equipos querían ganar la copa.
b **Algunos** / **Algunas** personas no practican **ningún** / **ningunos** deporte.
c Si no te gusta la Tomatina, hay **otro** / **otros** festivales.
d El año pasado, fuimos a **varios** / **varias** fiestas.
e En el mundo del deporte, **todo** / **toda** es posible con esfuerzo.
f Hay **mucha** / **muchas** gente en el estadio.
g **Ninguno** / **Ninguna** de los cantantes me interesa mucho.
h El día de mi cumpleaños, recibí **muchos** / **muchas** regalos.

antes de, después de, al + infinitive

11 Translate the sentence starters into Spanish. Use either *al*, *antes de* or *después de* followed by the correct infinitive form of the verb.

a On arriving in Peru…
b Before eating the fruit…
c After travelling to Cusco…
d On leaving the house…
e Before buying a car…
f After reading the novel…

Apocopation of adjectives

12 Complete the sentences with the apocopated form of the adjectives in brackets.

a Mi ___ (bueno) amigo Fernando celebra el Día de Muertos en casa.
b En ___ (ninguno) país de Europa celebran el Carnaval como en Canarias.
c El ___ (primero) día vamos al museo.
d La ___ (grande) fiesta empieza a las ocho.
e El ___ (tercero) día de las vacaciones, hay un baile en Caracas.

The imperfect tense

13 Complete each sentence with *había*, *era*, *tenía* or *llevaba*.

a ___ muchas personas en el estadio.
b Yo ___ un vestido rojo de flores.
c Diego Maradona ___ el mejor jugador del siglo veinte.
d Enrique Iglesias ___ mucho éxito en Europa.
e ___ un buen ambiente en la plaza.
f El pueblo ___ mucho más tranquilo.
g De niño, yo siempre ___ una camiseta del Real Madrid.
h Mi hermano ___ pecas cuando ___ joven.

Popular culture — **Theme 2**

14 Complete the sentences with the correct imperfect form of the verbs in brackets.

a Cada viernes, nosotros ___ (ver) una película muy emocionante en el cine.
b Yo siempre ___ (ser) el primero en llegar a la fiesta.
c Los domingos, mis amigos y yo ___ (tomar) helado en el parque.
d Cada verano, mis padres ___ (ir) de vacaciones a Gran Canaria.
e De pequeño, mi abuela me ___ (comprar) muchos juguetes.
f Durante el invierno, tú ___ (hacer) esquí de fondo en los Pirineos.
g Mi hermana siempre ___ (leer) antes de dormir.
h Los fines de semana, vosotros ___ (disfrutar) del buen ambiente de Barcelona.

Suffixes *-ísimo* and *-ito*

15 Translate these words into English. Make sure you convey the meaning of the *-ísimo* or *-ito* suffix.

a lentísima
b un zapatito
c un gatito
d limpísimo
e divertidísima
f un papelito
g rapidísimo
h unas casitas

Reflexive verbs

16 Complete the sentences with the correct present form of the verbs in brackets and the corresponding reflexive pronoun.

a Todos los días yo ___ (despertarse) temprano para ir al trabajo.
b Antes de dormir, nosotros siempre ___ (lavarse) los dientes.
c Los domingos ella ___ (levantarse) tarde y nosotros también ___ (quedarse) en la cama.
d Cada noche, yo ___ (ponerse) crema de manos.
e ¿A veces tú ___ (pelearse) con tu hermano?
f Antes de desayunar, yo ___ (vestirse) en el dormitorio.

Possession with *de*

17 Translate these sentences into Spanish.

a My friend's dog is small.
b Barcelona's beach is clean.
c Rosalía's sister lives in Barcelona.
d Rosario's Spanish is excellent.
e Your uncle's house is modern.
f My brother's bedroom is small.
g Colombia's food is delicious.
h Yalitza's films are entertaining.

Theme 2 — Foundation Vocabulary

Words that are highlighted in grey in this list are words that may be useful, but you won't need to know them for the exam.

4.1G Un mundo deportivo

- la *actividad* activity
- *además* furthermore
- *alto/a* tall
- el *atletismo* athletics
- el *bádminton* badminton
- el *baloncesto* basketball
- *barato/a* cheap
- la *bicicleta* bicycle
- *bueno/a* good
- la *camiseta* t-shirt
- *cansado/a* tired, tiring
- *caro/a* expensive
- *cómodo/a* comfortable
- *contra* against
- *costar* to cost
- *demasiado* comfortable
- el *deporte* sport
- *emocionante* exciting
- la *entrada* ticket
- el *esquí* ski
- *favorito/a* favourite
- el *fútbol* football
- el *golf* golf
- *guay* cool
- *hacer* to do
- la *historia* history
- *increíble* incredible
- *interesante* interesting
- el *invierno* winter
- el/la *jugador(a)* player
- la *montaña* mountain
- la *mujer* woman
- *poder* to be able to
- *rápido/a* fast, quick
- *segundo/a* second
- la *semana* week
- *solo/a* alone
- *tan* so
- el *tenis* tennis
- las *zapatillas* trainers

4.1F ¡Nos gusta el riesgo!

- el *aire* air
- el *alpinismo* mountain climbing
- el/la *amigo/a* friend
- *antiguo/a* old
- *aquí* here
- el *avión* plane
- *bajar* to descend, to go down
- el *barrio* neighbourhood
- la *bicicleta* bicycle
- *caer(se)* to fall
- el *calor* heat
- *cerca* near
- la *costa* coast
- *creer* to believe
- el *domingo* Sunday
- *duro/a* hard
- el *edificio* building
- *emocionante* exciting
- *entre* between, among
- la *escalada* rock climbing
- el *fondo* end, bottom
- el *gimnasio* gym
- el *kayak* kayak
- *leer* to read
- *limpio/a* clean
- *llamar* to call
- la *madrastra* stepmother
- el *miedo* fear
- *mientras* while
- la *montaña* mountain
- *morir* to die
- *nadar* to swim
- el *pájaro* bird
- el *paracaidismo* skydiving
- el *parkour* parkour
- *peligroso/a* dangerous
- el *pez* fish
- el *problema* problem
- *puro/a* pure
- *respirar* to breathe
- el *riesgo* risk
- el *río* river
- *sobre* about
- *sonreír* to smile
- *subir* to ascend, to go up
- el *submarinismo* scuba diving
- *tirarse* to jump off
- *ver* to see, watch
- el *verano* summer
- la *visita* visit

4.2G ¡Me paso el día bailando!

- *ahora* now
- *bailar* to dance
- la *banda* band
- *cantar* to sing
- el/la *cantante* singer
- la *clase* class
- el *concierto* concert
- el *dormitorio* bedroom
- *descubrir* to discover
- *disfrutar* to enjoy
- la *discoteca* nightclub, danceclub
- la *entrada* ticket
- *escuchar* to listen
- el *espectáculo* show
- *estudiar* to study
- la *guitarra* guitar
- *ir* to go
- *mañana* tomorrow
- *maravilloso/a* wonderful
- el *mes* month
- la *música* music
- *nuevo/a* new
- *opinar* to think
- *pasar* to spend
- *que viene* next
- *ser* to be
- la *tarde* afternoon
- el *teatro* theatre
- *tocar* to play an instrument
- *varios/as* several, various
- el *verano* summer

4.2F Veo, veo… ¿Qué ves?

- el *amor* love
- *anoche* last night
- *aprender* to learn
- *ayer* yesterday
- el *cine* cinema
- la *cocina* cooking, kitchen
- el *concurso* contest, game show
- los *dibujos animados* cartoons

difícil difficult
disfrutar to enjoy
el documental documentary
los efectos especiales special effects
entender to understand
la entrevista interview
en vivo live
escribir to write
extranjero/a foreign
el/la famoso/a celebrity
finalmente finally
la lluvia rain
el oeste western (film)
la pantalla screen
la pelea fight
por ejemplo for example
la preferencia preference
el/la primo/a cousin
probablemente probably
el programa programme
rápidamente quickly
responder to answer
sin duda without doubt
sobre about
el sol sun
el tiempo weather
la telenovela soap opera
la televisión TV
la temperatura temperature
el tiempo weather, weather forecast
todos los días every day
un montón a lot
ver to see, watch

5.1G De celebración

a to
además furthermore, besides
allí there
el aniversario anniversary
la boda wedding
casado/a married
chino/a Chinese
con with
contra against
el cumpleaños birthday
cumplir to turn (age)
de of, from
debajo de underneath
delante de in front of

desde since, from
detrás de behind
el día de santo Saint's Day
empezar to start
en in, on
encima de on top of
entonces then
entre among, between
especial special
esperado/a anticipated
la familia family
la fecha date
la fiesta party
la gente people
la guitarra guitar
habrá there will be
el/la hermanastro/a stepbrother/stepsister
llamar to call
llevar to wear, to be/spend (time)
nacer to be born
nuevo/a new
poder to be able to
por by, through, for
preparar to prepare
el/la primo/a cousin
el restaurante restaurant
según according to
semejante similar
sencillo/a simple
sin without
sobre on, over, about
la sorpresa surprise
tener ganas de to look forward to, feel like
tocar to play (an instrument)
el traje suit
visitar to visit

5.1F Nuestras tradiciones de siempre

abril April
los abuelos grandparents
anoche last night
antes before
ayer yesterday
el ayuno fasting
la banda (music) band
católico/a Catholic

la celebración celebration
la compañía company
decir to say
el desayuno breakfast
el desfile parade
disfrutar to enjoy
distinto/a different
el domingo Sunday
durante for, during
el esfuerzo effort
estar to be
hace… …ago
hacer to do, make
la importancia importance
importar to matter
la Janucá Hanukkah
la luz light
el martes Tuesday
el mes month
musulmán/musulmana Muslim
la Navidad Christmas
la Nochebuena Christmas Eve
la Nochevieja New Year's Eve
el ordenador computer
pasado/a last
la Pascua Easter
la plaza square
poner fin a to bring an end to
por ejemplo for example
el principio beginning
el regalo gift
religioso/a religious
saber to know
sacar (fotos) to take (photos)
la Semana Santa Holy (Easter) Week
soltero/a single
subir to upload
tener lugar to take place
los Tres Reyes Magos the Three Wise Men
la tradición tradition
la uva grape
varios/as several, various
el/la vecino/a neighbour

5.2G Carnaval, ¡te quiero!

antiguo/a ancient
el ambiente atmosphere
la alegría happiness

Theme 2 Foundation Vocabulary

animado/a lively
el animal animal
la calle road, street
la canción song
cantar to sing
la cara face
celebrar to celebrate
la ciudad city
crítico critical
el diente tooth
diverso/a diverse, varied
durante for, during
el entierro burial
escoger to choose
febrero February
el humor humour
humorístico/a humorous, comical
importante important
llevar to wear
la mañana morning
maravilloso/a marvellous
el mundo world
la música music
el norte north
ofrecer to offer
la opción option
la persona person
la plaza square
el premio prize
el problema problem
preparar to prepare
el pueblo town
real real, royal
el/la rey/reina king/queen
sonreír to smile
la sonrisa smile
el sur south
el tipo type
el tono tone
la tradición tradition
el traje costume, dress
el/la turista tourist
varios/as several
venir to come
el vestido dress
viejo/a old

5.2F Latinoamérica celebra la vida

además furthermore, moreover
la alegría joy
antes before
aprender to learn
bueno/a good
el calor heat
la cámara camera
el campo countryside
el carnaval carnival
celebrar to celebrate
consistir en to consist of
desde from, since
el desfile parade
después after
egoísta selfish
entre between, among
esperar to wait, to hope
la feria fair
la flor flower
la influencia influence
la lengua language
llegar to arrive
llenar to fill
el lugar place
muerto/a dead
ninguno/a no, none
el olor smell
poder to be able to
ponerse to put on
primero/a first
el quechua Quechua (indigenous language)
el teatro theatre
el tiempo time
traer to bring
triste sad
ver to watch, see
visitar to visit
el zapato shoe

6.1G La alfombra roja de los premios Goya

acostumbrar to be in the habit of
a veces sometimes
la alfombra roja the red carpet
amarillo yellow
el anillo ring
azul blue
bienvenido/a welcome
blanco/a white
bonito/a pretty
el cambio change
el/la cantante singer
castaño/a brown, chestnut-coloured
la ceremonia ceremony
el color colour
con with
cubano/a Cuban
de flores floral
de rayas striped
derecha right
diferente different
elegante elegant, stylish
era I was, he/she/it was
la falda skirt
la flor flower
las gafas (de sol) (sun)glasses
la gala gala
había there was
largo/a long
moderno/a modern
negro/a black
nervioso/a nervous
la nominación nomination
notable noticeable/considerable
opinar to believe, think
el pantalón corto shorts
las pecas freckles
recibir to receive
rojo/a red
rosa pink
rubio/a blonde
el sombrero hat
tener suerte to be lucky
tenía I had, he/she/it had
el uniforme uniform
verde green
el vestido dress
vestir to dress

6.1F Lola y Rosalía, ayer y hoy

animado/a lively
el/la artista artist
bailar to dance
cada each, every

Theme 2

cantar to sing
la canción song
caro/a expensive
el cine cinema
el concierto concert
la cultura culture
emocionante exciting
la energía energy
la entrada ticket
escuchar to listen
el estilo style
la estrella star
Estados Unidos United States
la fama fame
la forma way
hacer to make, do
el icono icon
llevar to wear
mejor better, best
morir to die
nacer to be born
nuestro/a our
opinar to believe, think
otro/a other
pasar de moda to be out of fashion
la pasión passion
la película film
pensar to think
personal personal
presentarse to introduce oneself
seguir to continue, follow
tanto/a so many, so much
el tiempo time
todavía still
único/a only, unique
urbano/a urban
la vez time

6.2G Una TikToker sin descanso

aburrido/a boring
antes before
el baile dance
cambiarse (de ropa) to get changed
cenar to have dinner
desayunar to have breakfast
el descanso rest
despertar(se) to wake up
dormirse to fall asleep

en estos momentos at the moment
estupendo/a wonderful
el evento event
famoso/a famous
finalmente finally
la foto photo
grabar to record
la habitación room, bedroom
jugar videojuegos to play videogames
lavarse los dientes to brush one's teeth
lentamente slowly
luego then
la moda fashion
normalmente normally
nunca never
pensar to think
el pijama pyjamas
por la mañana in the morning
primero (adv.) firstly
quitarse to take off
sacar fotos to take photos
si if
siempre always
sin without
tener tiempo to have time
el uniforme uniform
usar to use
vestirse to get dressed
el video video
el videojuego videogame

6.2F Famosos que valen la pena

a mi modo de ver as I see it
agresivo/a aggressive
antipático/a unpleasant
la ascendencia heritage
aunque although
el cine cinema
la ciudad city
como as
comprensivo/a understanding
la comunidad community
de niño/a as a child
deshonesto dishonest
donar to donate
educado/a polite
egoísta selfish

emocionante exciting
enfermo/a ill
la escuela (primary) school
Estados Unidos United States
estar seguro/a to be sure
la fama fame
hablar to speak
humilde humble
el idioma language
importante important
indígena native, indigenous
inspirar to inspire
el/la joven young person
latinoaméricano/a Latin American
maleducado/a impolite
mexicano/a Mexican
el/la modelo a seguir role model
el norte north
la nominación nomination
Nueva York New York
opinar to think
optimista optimistic
el país country
el papel role
parecer to seem
la participación participation
participar to participate
perezoso/a lazy
pesimista pessimistic
el premio award, prize
el proyecto project
puertorriqueño/a Puerto Rican
que yo sepa as far as I know
recibir to receive
reducir to reduce
sincero/a honest
el sur south
la televisión TV
trabajador(a) hard-working
único/a unique
valer la pena to be worth it
la verdad truth
la vida social social life
la visibilidad visibility, awareness
votar to vote
la voz voice

Theme 2 — Test and revise: Foundation Listening

1 Your friends are talking about films. What type of film does each person talk about? Write the correct letter for each person.

A	western
B	science fiction
C	historical
D	musical
E	romance
F	action
G	comedy

a Person 1 1 mark
b Person 2 1 mark
c Person 3 1 mark
d Person 4 1 mark

2 You hear some Spanish students discussing birthday celebrations. What is their opinion of each celebration they mention?

Write **P** for a **positive** opinion
  N for a **negative** opinion
  P+N for a **positive** and **negative** opinion.

a Student 1 1 mark
b Student 2 1 mark
c Student 3 1 mark
d Student 4 1 mark

Consejo

With all questions, but especially this type, it is essential to listen carefully to the full recording before deciding on your answer. You may hear a positive opinion to start with, but the speaker may then give a negative viewpoint as well. Only answer when you have heard the full utterance.

3 You hear this podcast about the Spanish actress, singer and TV presenter, Carmen Sevilla. What aspect does each person mention? Write the correct letter for each person.

A	her success abroad
B	her family life
C	her death
D	her success in later life
E	her television adverts
F	her favourite food and drink

a Person 1 1 mark
b Person 2 1 mark
c Person 3 1 mark
d Person 4 1 mark

4 Your Spanish friend, Elena, leaves you a voice message about her favourite TikTokers, Twin Melody. Listen to the message and write down the correct letter.

a Paula and Aitana are…
  A 26 years old.
  B 15 years old.
  C 16 years old. 1 mark
b They upload videos of themselves…
  A singing.
  B dancing.
  C singing and dancing. 1 mark
c At Benidorm Fest they…
  A presented a TV show.
  B won a competition.
  C performed a song. 1 mark
d Elena says that Paula and Aitana…
  A like cartoons.
  B are good role models.
  C are very sympathetic. 1 mark

noventa y ocho

Theme 2

5 You hear this interview with two basketball fans, Nuria and Tomás.

a Why does Nuria like the basketball player Amaya Valdemoro? Give two details in English. **2 marks**

b Why does Tomás like team sports? Write down the two correct letters. **2 marks**

A	They are always exciting.
B	Many are quite easy.
C	You learn to share.
D	You can help your team mates.

Consejo

Make sure you read each question carefully to see how much information is needed. For example, you need two details in both parts of the question to answer the question fully.

6 You hear this interview about learning to dance the Tango. What advice do they give? Write down the correct letters for each.

A	Control your balance
B	Keep your arms still
C	Learn to lead
D	Respect your partner
E	Don't talk while dancing
F	Wear comfortable clothing

a Advice 1 — 1 mark
b Advice 2 — 1 mark
c Advice 3 — 1 mark
d Advice 4 — 1 mark

Dictation A

You will now hear four short sentences.
- Listen carefully and using your knowledge of Spanish sounds, write down in **Spanish** exactly what you hear for each sentence.
- You will hear each sentence **three** times: the first time as a full sentence, the second time in short sections and the third time again as a full sentence.
- Use your knowledge of Spanish sounds and grammar to make sure that what you have written makes sense. Check carefully that your spelling is accurate.

8 marks

Dictation B

You will now hear four short sentences.
- Listen carefully and using your knowledge of Spanish sounds, write down in **Spanish** exactly what you hear for each sentence.
- You will hear each sentence **three** times: the first time as a full sentence, the second time in short sections and the third time again as a full sentence.
- Use your knowledge of Spanish sounds and grammar to make sure that what you have written makes sense. Check carefully that your spelling is accurate.

8 marks

Theme 2 — Test and revise: Foundation Speaking

Role Play

You are talking to your Spanish friend.

Your teacher (or partner) will play the part of your friend and will speak first.

You should address your friend as *tú*.

When you see this – **?** – you will have to ask a question.

In order to score full marks, you must include a verb in your response to each task.

> 1 Say what your favourite hobby is. (Give **one** detail.)
> 2 Say where you do it. (Give **one** detail.)
> **?** 3 Ask your friend a question about the cinema.
> 4 Give an opinion about action films.
> 5 Say when you watch TV.

Consejo

When you are preparing for a role play, make sure you've read all details carefully so you know how much you need to prepare. For example, in this role play you need to give one detail for tasks 1 and 2.

Reading aloud

When your teacher (or partner) asks you, read aloud the following text in **Spanish**.

> Mi celebración favorita es mi cumpleaños.
> Generalmente es un día muy divertido.
> Me gusta pasar tiempo con mi familia.
> Mi hermano David prefiere la Navidad.
> Generalmente, recibe muchos regalos.

You will then be asked four questions **in Spanish** that relate to the topic of **Customs, festivals and celebrations**. Make sure you **answer all four questions as fully as you can.**

Theme 2

Photo card

- During your preparation time, look at the two photos on the topic of **Celebrity culture**. You may make as many notes as you wish on an Additional Answer Sheet and use these notes during the test.
- Your teacher (or partner) will ask you to talk about the content of these photos. The recommended time is approximately **one minute. You must say at least one thing about each photo.**
- After you have spoken about the content of the photos, your teacher (or partner) will then ask you questions related to **any** of the topics within the theme of **Popular culture.**

Consejo

When you are given pictures to prepare, don't just think about language connected to the stated topic. The instructions state 'any topics within the theme of…' so think when you are preparing of other topics that might come up after you have finished discussing the pictures.

Photo 1

Photo 2

ciento uno 101

Theme 2 — Test and revise: Foundation Reading

1 These Spanish students are discussing sports.

> **Marcos:** Ahora estoy jugando mucho al baloncesto.
>
> **Sonia:** El fin de semana que viene, voy a montar en bicicleta.
>
> **Casimiro:** Pasear a caballo es mi pasatiempo favorito.

Which sport does each student mention?
Write the correct letter for each person.

A	horse-riding
B	rock climbing
C	basketball
D	cycling
E	football

a Marcos — 1 mark
b Sonia — 1 mark
c Casimiro — 1 mark

2 You are reading about festivals on the Internet and come across these opinions in an online forum.

> **Gloria**
> En Puerto Rico celebramos el Día de Acción de Gracias en noviembre. Suele ser muy agradable estar con la familia y comer algo rico.
>
> **Ramón**
> El Día de Muertos en México tiene lugar en noviembre también. Siempre me hace feliz. Los desfiles son estupendos.
>
> **Luisa**
> Vivo en Pamplona y la tradición de San Fermín me parece pasada de moda. Es verdad que hay ventajas económicas a causa de los turistas que vienen a la ciudad.
>
> **Pedro**
> Durante la Feria de Sevilla hay mucho ruido. Vivo en el centro de la ciudad y todos los años me cuesta dormir por la noche.
>
> **Lola**
> Tengo ganas de ir a la Tomatina de Buñol porque siempre que pienso en eso, me hace sonreír.

What do these people think about each festival?
Write **P** for a **positive** opinion
 N for a **negative** opinion
 P+N for a **positive** and **negative** opinion.

a Gloria — 1 mark
b Ramón — 1 mark
c Luisa — 1 mark
d Pedro — 1 mark
e Lola — 1 mark

3 These teenagers are talking about celebrities and fame.

> **Inés** La actriz Sasha Calle es conocida por su papel de S*upergirl*. Quiero ser como ella y tener muchos seguidores en las redes sociales. Además, habla dos idiomas sin problemas – como yo.
>
> **Juan** Ser popular y rico no es importante. Creo que a muchos famosos les gusta más llevar una vida tranquila, sin correr riesgo de acoso. Es mejor evitar las redes sociales completamente.
>
> **Sebastián** Yo creo bailes populares en TikTok y suelo grabar dos vídeos al día. Es fácil y divertido. ¡Quiero ganar muchísimo dinero!

Match the correct person to each of the following questions (a–f).

Write **I** for **Inés**
 J for **Juan**
 T for **Sebastián**.

a Who thinks famous people run the risk of harassment? — 1 mark
b Who is bilingual? — 1 mark
c Who would like to be rich? — 1 mark
d Who would love to have lots of followers? — 1 mark
e Who has a **negative** opinion of social media? — 1 mark
f Read the third paragraph carefully. What do you think *suelo grabar* means? — 1 mark
 A I used to record
 B I usually record
 C I want to record

Theme 2

Consejo

Question 3f requires you to work out the general meaning of a word or phrase from the context. You will need to read around it and use all the clues in the rest of the sentence or paragraph.

4 Fernando has posted a message on his family chat group about the upcoming Carnival celebrations.

‹ Fernando

Hay mucho que hacer la semana que viene, familia. ¡Qué estrés!

Mi hermano y yo tenemos que llevar algo de ropa diferente para el concurso del Carnaval de este martes. Mamá, ¿puedes traer los pantalones viejos verdes?

El primo Eloy y la prima Elena van a venir a casa el miércoles por la tarde para preparar la cena. El primo Miguel está ocupado en el trabajo y no puede venir.

El primer premio del concurso consiste en dos entradas para el concierto de Maluma. Creo que va a cantar una canción con Rosalía. ¡No me lo quiero perder!

El fin de semana es la mejor parte porque hay tiendas de comida tradicional en la Plaza Mayor. Papá, ¿podemos probar los caramelos?

✓✓ 8.46

Answer the following questions in English.

a How is Fernando feeling about the week ahead? **1 mark**
b What does Fernando ask his mum to do? **1 mark**
c Why are Eloy and Elena coming to the house on Wednesday? **1 mark**
d Why is Miguel unable to come? **1 mark**
e What is first prize in the competition? **1 mark**
f What question does Fernando ask his dad? **1 mark**

5 Translate these sentences into English.
  a Llevo una camisa de flores y una falda larga y negra.
  b A mis primos no les gusta usar las redes sociales.
  c Celebré el cumpleaños de mi madrastra.
  d Voy a ver una película con ella mañana.
  e Me preocupa la violencia de este videojuego. **10 marks**

Consejo

You won't always know all the words in a translation and you will need to use linguistic common sense to make a sensible guess at the meaning of a word. Look at the words around the one you don't know to see if they can give you any clues.

6 Translate the following sentences into English.
  a Estoy volviendo a casa de la fiesta.
  b Me da miedo nadar en el mar.
  c Mi hermana escuchó la entrevista en la radio.
  d No quisimos ir al concierto ayer.
  e ¿Cuál es la mejor marca de zapatos? **10 marks**

Theme 2 Test and revise: Foundation Writing

1 You receive this photo from your friend in Mexico. What is in the photo? Write five sentences in Spanish.
10 marks

2 You are emailing your Cuban friend about what you do in your free time.

Write approximately 50 words in Spanish.
You must write something about each bullet point.

Mention:
- your favourite music
- TV and film
- sports
- hobbies at home
- homework.

10 marks

3 Using your knowledge of grammar, complete the following sentences in Spanish. Choose the correct Spanish word from the given options.

Example: Me gusta ____jugar____ al fútbol con mi hermano.

juego   jugar   juega

a Esa película es ___.

aburrida   aburrido   aburridas   *1 mark*

b Ayer, nosotros ___ a la fiesta.

fui   fue   fuimos   *1 mark*

c En España, hay ___ tradiciones.

muchas   muchos   mucho   *1 mark*

d Julia está ___ en el mar.

nadando   nado   nadar   *1 mark*

e La fiesta tiene un ___ ambiente.

bueno   buena   buen   *1 mark*

4 Translate the following sentences into Spanish.

a Today is my birthday.
b Is there a party in your house?
c My friend has a lot of interesting books.
d We listen to music three times a week.
e Yesterday I went to the cinema with my sister.

10 marks

Theme 2

Either Question 5.1 *or* Question 5.2

5.1 You are emailing your friend from Paraguay about festivals and celebrations.
Write approximately 90 words in Spanish.
You must write something about each bullet point.

Mention:
- your favourite Spanish or Latin American festival
- a celebration that recently took place
- what you are going to do in the summer holidays.

15 marks

5.2 You are writing an essay about celebrity culture.
Write approximately 90 words in Spanish.
You must write something about each bullet point.

Mention:
- a famous person you like
- a film or TV programme you watched
- whether you would like to be famous.

15 marks

Consejo

Keep an eye on your word count. It is no advantage at all to write pages and pages – you are given a word guide of approximately 90 words. If you write more than you need to, you will rush and allow more errors to creep in.

Theme 3
Communication and the world around us

Travel and tourism

1 📖 Match the Spanish and English words for different forms of transport.

1	autobús
2	avión
3	barco
4	bicicleta
5	coche
6	metro
7	tren

A	underground, tube
B	car
C	bus
D	train
E	plane
F	boat
G	bicycle

2 🎧 Listen to Ana's account of her trip to Barcelona. Write down in the correct order the different forms of transport she used.

alquilar   to hire

3 📖 Look at Martín's plan for his holiday.

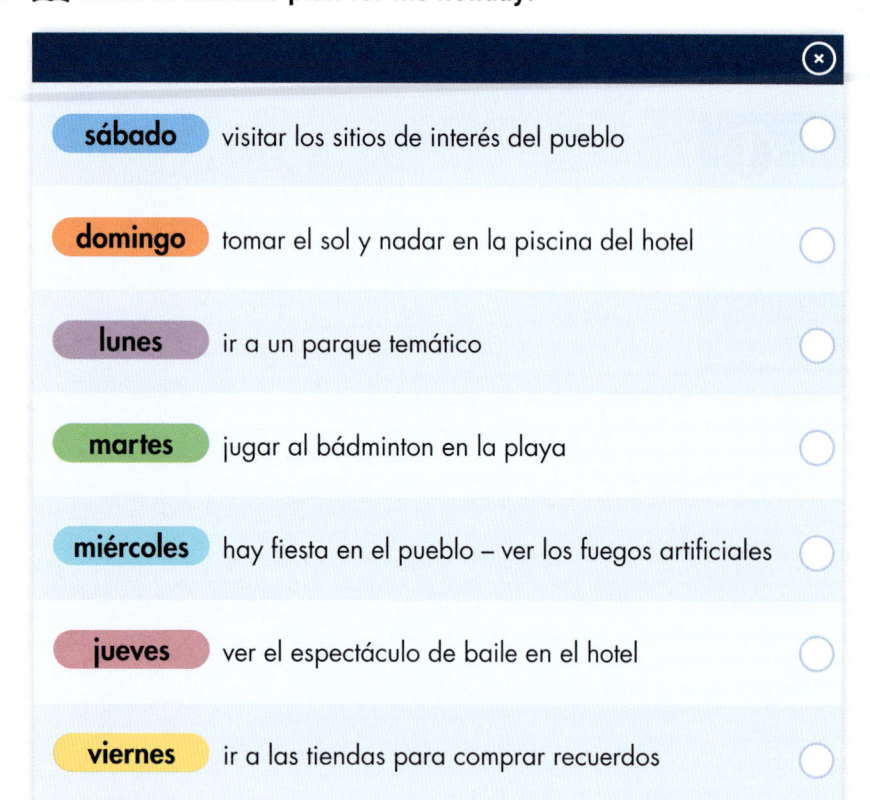

sábado	visitar los sitios de interés del pueblo
domingo	tomar el sol y nadar en la piscina del hotel
lunes	ir a un parque temático
martes	jugar al bádminton en la playa
miércoles	hay fiesta en el pueblo – ver los fuegos artificiales
jueves	ver el espectáculo de baile en el hotel
viernes	ir a las tiendas para comprar recuerdos

el sitio	place
el pueblo	town, village
tomar el sol	to sunbathe
nadar	to swim
la piscina	swimming pool
el parque temático	theme park
jugar	to play
los fuegos artificiales	fireworks
el espectáculo	show
el baile	dance
la tienda	shop
el recuerdo	souvenir

On which day does he plan to do the following?

a   see a firework display
b   sunbathe by the pool
c   shop for souvenirs
d   go to a theme park
e   play games on the beach
f   go for a swim
g   watch the show in the hotel
h   go sightseeing

ciento seis

Communication and the world around us — Theme 3

4 📖 A Spanish travel magazine is doing a survey to find out what type of holiday people prefer. Which option from the table would each of these people choose?

A	sol y playa
B	deportes de invierno
C	actividades al aire libre
D	visitas culturales

E	en el extranjero
F	centro ciudad
G	actividades para niños
H	descanso en el campo

Carla
Me gusta comer en restaurantes, ver tiendas e ir al teatro.

Jorge
Si mis dos hijos pequeños están contentos, yo también lo estoy.

Luisa
Me encanta estar en las montañas haciendo actividades cuando hace frío y hay nieve.

Enrique
Busco unos días tranquilos en la naturaleza.

Marta
Me interesa ver las iglesias, los edificios históricos y los castillos.

Pablo
Quiero montar a caballo, cocinar sobre un fuego y dar paseos.

Lucía
Quiero explorar el mundo y ver muchos países.

Rafael
Prefiero el calor y pasar tiempo al lado del mar.

Media and technology

5 🎧 Listen to six people (1–6) explaining how they use social media. What does each one use social media for?

A	business
B	finding old friends
C	following celebrities
D	local events

E	texting and instant messaging
F	uploading photos
G	videocalls
H	watching music videos

la red social	social network
el cantante	singer
subir	to upload
seguir	to follow
mandar	to send
el mensaje	message

la página	page
la empresa	company
el negocio	business
las noticias	news
pasar	to happen, to spend
el pueblo	town, village

el deporte	sport
el invierno	winter
la actividad	activity
al aire libre	outdoors, in the open air
el extranjero	abroad
la ciudad	city
los niños	children
el descanso	rest
el campo	country, countryside
la tienda	shop, tent
el teatro	theatre
montar a caballo	to go horse-riding
cocinar	to cook
el fuego	fire
dar un paseo	to go for a walk
la montaña	mountain
el frío	cold
la nieve	snow
la iglesia	church
el edificio	building
el castillo	castle
tranquilo	quiet, peaceful
la naturaleza	nature
el mundo	world
el país	country
muchos	many
el calor	heat
pasar	to spend (time)
al lado de	next to

ciento siete

Theme 3 — Communication and the world around us

6 Listen and unscramble the words to write the correct nouns.

a  el mivól ___   c  la aplantal ___   e  el dranodeor ___
b el prittloá ___   d el docatel ___

Where people live

7 Read what this girl is complaining about in her bedroom and select the correct letter (a–i) to describe each item.

> La cama no es muy cómoda y la luz no funciona muy bien. Las paredes son de un color muy feo y la ventana está sucia. Los **estantes** son demasiado pequeños y no puedo abrir el armario. El **portátil** está roto y la silla es demasiado baja. Sin embargo, la mesa es demasiado alta.

a	broken
b	dirty
c	does not like the colour
d	does not work
e	too high
f	too low
g	too small
h	uncomfortable
i	will not open

1 the bed
2 the light
3 the walls
4 the window
5 the shelves
6 the wardrobe / cupboard
7 the laptop
8 the chair
9 the desk / table

el estante — shelf
el portátil — laptop

8 Listen to eight people (1–8) talking about where they live. Which two places does each person mention?

el banco — bank
el bosque — wood, forest
el cine — cinema
el estadio — stadium
el mercado — market
el parque — park
el puerto — port
el supermercado — supermarket
la estación — station
la fábrica — factory
la mezquita — mosque
la montaña — mountain
la playa — beach

108 ciento ocho

Communication and the world around us — **Theme 3**

The environment

9 🎧 **Listen to six people (1–6) talking about environmental issues. Which issue is each one talking about?**

A	endangered species
B	global warming
C	drought
D	poor air quality
E	protecting woodland
F	risk of wildfires
G	saving energy
H	water pollution

10 📖 **Read the sentences and complete them with the correct verb from the box.**

separar	apagar	plantar
recoger	reciclar	ahorrar
usar	llevar	

a Tenemos un jardín grande y vamos a ___ dos árboles allí.

b Los alumnos del colegio van a ___ la basura del parque.

c Hay un nuevo contenedor en el patio; es para las botellas de plástico que vamos a ___.

d Para usar menos electricidad, debemos ___ las pantallas al final de la clase.

e Hemos tenido varios años muy secos; tenemos que ___ más agua.

f Es muy importante ___ la basura en casa y ponerla en el contenedor correcto.

g Cuando la gente está en el campo, debería ___ su basura a casa.

h En el instituto vamos a hablar de cómo podemos ___ menos energía.

ahorrar	to save	alto/a	high
el animal	animal	la energía	energy
el árbol	tree	la especie	species
el calor	heat	la flor	flower
el esfuerzo	effort	la lluvia	rain
el incendio	fire	la planta	plant
el mundo	world	la temperatura	temperature
el peligro	danger	la tierra	land, earth
el riesgo	risk	proteger	to protect
el verano	summer	seco/a	dry
el viento	wind		

apagar	to turn off, put out	llevar	to take, carry, wear
cómo	how	plantar	to plant
el contenedor	bin, container	reciclar	to recycle
en casa	at home	recoger	to collect, pick up
la basura	rubbish, litter	separar	to separate
la energía	energy	usar	to use

ciento nueve

7.1G ¿Cómo te gusta viajar?

OBJECTIVES
- Transport
- *Me gustaría, me encantaría, preferiría*
- Revising comparatives

1 Match the forms of transport in the picture to the phrases from the box below.

ir a pie   ir en avión   ir en bicicleta   ir en autobús   ir en metro   ir en tren   ir en coche   ir en barco

2 Read the sentences and complete them with the correct words from the box below.

coche   avión   estación   aeropuerto   tren   barco   puerto   carreteras

a   Me encanta viajar por mar; vamos a llegar al ___ a las nueve porque el ___ sale a las diez.

b   Las ___ son muy buenas en este país; por eso, viajamos en ___.

c   Creo que tendremos un vuelo tranquilo y relajado hoy. Vamos a llegar al ___ a las seis porque el ___ sale a las siete y media.

d   Nuestro ___ llega a la ___ en cinco minutos. No es muy cómodo – hay muchas personas de pie.

¡Atención!

Don't miss the clues within the sentences! They will help you find the correct answers. Remember to look at the gender and number of the words. For example, only one of the words can follow the fem. pl. *las*. Another useful rule is that words ending in *-ión* tend to be feminine, like *estación*. *El avión* is an exception to the general rule.

Travel and tourism 7.1G

3 ⭐ **Complete the sentences by putting the phrases in brackets into Spanish. Use the adjectives from the box below.**

practical – *práctico*   comfortable – *cómodo*
slow – *lento*   cheap – *barato*   long – *largo*
fast – *rápido*   expensive – *caro*

a Este viaje es ___ (longer).
b El billete es ___ (less expensive).
c El metro es mucho ___ (faster).
d En la ciudad, la bicicleta es ___ (as fast as) el coche.
e Un viaje en tren es relajado, pero es ___ (cheaper) ir en autobús.
f El autobús es ___ (slower than) el tren.
g Para ir al centro, es ___ (more practical) coger el metro.
h Yo creo que viajar en barco es ___ (more comfortable than) ir en avión.

Gramática

Revising comparatives

Remember these words and phrases from unit 3.1.

más – more   *menos* – less
que – than   *tan … como* – as … as

To say 'The ticket is cheaper' in Spanish, just say (literally) 'The ticket is more cheap':

El billete es más barato.

The adjective always agrees with the noun it describes.

4 🎧 **Listen to six people (1–6) talking about their transport preferences. Copy and complete the table.**

	Preferred transport	Reason
1		

5 🔄 **Translate these sentences into Spanish.**

a I would prefer to go by bike.
b I would like to go by bus.
c I would love to travel by train.
d I would prefer to go on foot.
e I would like to go by car, it is more practical.
f I would prefer to travel by plane, it is faster.
g I would love to go by boat, it is more relaxing.

6 💬 **Work with a partner. Look back at the picture in activity 1. Take turns to say which form of transport you would prefer to travel by and give a reason.**

Los verbos

Me gustaría, me encantaría, preferiría

These are important phrases to learn. They are in the conditional tense which you will see in more detail on the next page.

		with a verb	with a noun
I would like	*Me gustaría*	*Me gustaría viajar.*	*Me gustaría (tener) una bicicleta nueva.*
I would love	*Me encantaría*	*Me encantaría ir.*	*Me encantaría (hacer) una excursión en barco.*
I would prefer	*Preferiría*	*Preferiría ir a pie.*	*Preferiría (alojarme en) un hotel en la costa.*

Me gustaría ir	a pie en barco en avión en coche en bicicleta en tren en autobús en metro	porque es más	práctico. cómodo. barato. rápido. tranquilo. relajante. emocionante.
		porque es mejor	para la salud. para el medio ambiente.

ciento once 111

7.1F ¿Qué haces durante las vacaciones?

OBJECTIVES
- Holiday activities
- Phrases with *ir de*
- The conditional tense
- Pronunciation *j*

1 Read what these young people say. Write the correct name for each question.

Paula: Durante las vacaciones hago camping con mis amigos. Vamos al campo, con todo nuestro equipo en mochilas, y montamos la tienda al lado de un río. Cocinamos las comidas al fuego. Nos encanta estar al aire libre.

Jaime: Cuando estamos de vacaciones, vamos de compras en los pueblos y las ciudades que visitamos. Mi madre compra recuerdos y yo miro la ropa. A veces vamos a los mercados que venden de todo y compro regalos para mis amigos.

Leo: Yo prefiero estar activo y siempre busco actividades nuevas para probar. El año pasado jugué al baloncesto en la piscina y este verano voy a aprender a montar a caballo. A veces, voy de paseo en bicicleta con un grupo de amigos.

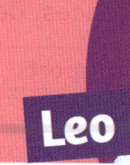

Martina: Cuando visito un lugar que no conozco, me gusta mirar el plano de la ciudad y visitar todos los sitios de interés. Me encanta aprender de la historia y ver los edificios históricos. Siempre tengo el móvil y hago fotos todo el tiempo.

Alba: Para mí, las vacaciones son para descansar y mi actividad favorita es tomar el sol en la playa. Cuando tengo demasiado calor, nado en el mar o voy al café para tomar una bebida fresca. Si estamos en un hotel, descanso en los jardines cerca de la piscina.

Who…
a likes shopping?
b enjoys photography?
c likes trying different sports?
d likes the outdoor life?
e prefers just to relax?
f likes to learn about places?

2 Look at the texts again and answer the questions.

a Where does Paula camp?
b How do they prepare their meals?
c What does Jaime's mother buy?
d What does Jaime do in the markets?
e What did Leo try last year?
f What is he going to learn this year?
g What do he and his friends sometimes do?
h What does Martina always have with her when she visits a town?
i What is Alba's favourite holiday activity?
j What does she do when it gets too hot?

112 ciento doce

Travel and tourism **7.1F**

3 🎧 Listen to these people talking about what type of holiday they would like. Write the correct letters from the table.

A	a beach holiday
B	a boating holiday
C	a luxurious stay
D	a peaceful time

E	a road trip
F	a theme park trip
G	a wildlife experience
H	a winter holiday

4 🎯 Complete the sentences with the correct form of the verb in brackets in the conditional tense. Then translate the sentences into English.

a Decidí que ___ (ir, yo) al campo en verano.
b ¿Crees que ___ (poder, tú) reservar la excursión hoy?
c Dijeron que me ___ (comprar, ellos) un regalo.
d Pensé que el hotel ___ (tener) un gimnasio.
e Creímos que la recepción ___ (estar) abierta veinticuatro horas.
f La ciudad es muy grande; nos ___ (perder, nosotros) sin un plano.
g Decidimos que ___ (poner, nosotros) las maletas en un lugar seguro.
h No sé cuánto ___ (costar) la excursión a la isla.

5 ⭐ Read these sentences and write P if the sentence is in the past, N if it is in the present and F if it will happen in the future.

a Vamos a ir de vacaciones en agosto.
b Fue de compras el sábado.
c Voy de paseo por el parque.
d Van de compras cada martes.
e Iré de vacaciones con mis padres.
f ¿Fuiste de paseo con el perro?

6 💬 Work with a partner. Take turns to tell your partner what you do during these types of holidays. (Use the texts in activity 1 to help.)
- a beach holiday
- an activity holiday
- a holiday at home
- a sightseeing holiday
- a holiday in the country

7 ✏️ Write a 90-word account with the title *Mis vacaciones ideales*. Say how you would spend your ideal holidays.

Pronunciación

j

The letter 'j' is pronounced like the 'ch' in the Scottish word 'loch'.

Examples: *ju*gar, nara*nj*a, *j*amón, me*j*or, hi*j*o

Los verbos

The conditional tense

To form the conditional tense ('would' …), follow these steps.

Take the infinitive (like *viajar, comer, ir*) and add the following endings:

Person	Ending	Examples	English
yo	-ía	viajaría	I would travel
tú	-ías	pagarías	you would pay
él / ella / usted	-ía	vendería	he / she would sell
nosotros / as	-íamos	comeríamos	we would eat
vosotros / as	-íais	conducirías	you would drive
ellos / ellas / ustedes	-ían	irían	they would go

Note the irregular stem (instead of the infinitive) for these five verbs:

tener > tendr- (*tendría, tendrías*, etc.)
poder > podr- (*podría, podrías*, etc.)
hacer > har- (*haría, harías*, etc.)
poner > pondr- (*pondría, pondrías*, etc.)
haber > habría – there would be

¡Atención!

ir de

Note the following important phrases using *ir de* …

ir de vacaciones – to go on holiday
ir de paseo – to go for a walk
ir de compras – to go shopping

ciento trece 113

7.2G Una visita a Andalucía

OBJECTIVES
- A visit to Andalusia
- Object pronouns
- Making recommendations

1 Read the text and find the Spanish for the words and phrases in the box below.

| origins | water park | April Fair |
| parades | palace | aquarium |

Andalucía es la comunidad más al sur de España. Las famosas ciudades de Sevilla, Granada y Málaga están en esta región, además de la Costa del Sol al lado del mar mediterráneo. Millones de turistas visitan la región cada año y hay muchas razones por las que es tan popular.

ÁNGELA
Yo voy a Andalucía con mi familia y nos quedamos en Benalmádena, cerca de Málaga. La playa es muy bonita y es segura para los niños. También, hay muchas cosas que a mis hijos les encanta hacer como jugar al minigolf, visitar el acuario o hacer una excursión en barco. Hay un parque acuático cerca, pero el gran parque temático está un poco lejos.

BRUNO
Vale la pena visitar Andalucía para ver las tradiciones y fiestas que se celebran allí. El famoso flamenco tiene sus orígenes en la región y hay que ver un espectáculo de este baile con la música de la guitarra y los vestidos tradicionales. También la Feria de Abril es genial con los desfiles y los caballos.

CARLA
Para mí, lo mejor de Andalucía es la cultura. Es una región rica en arte y arquitectura, como el palacio de la Alhambra en Granada, la Mezquita de Córdoba y la catedral de Sevilla. Me encanta andar por las calles viendo los edificios históricos y las hermosas iglesias. Vale la pena hacer una excursión para visitar los preciosos pueblos blancos de la región.

2 Who mentions the following? Write A for Ángela, B for Bruno and C for Carla.
a famous buildings
b a boat trip
c dance
d white-painted villages
e activities for children
f beach
g horses

3 Read the texts again (including the introduction) and answer the questions in English.
a Where in Spain is Andalusia?
b Where is the Costa del Sol?
c How do we know the region is popular with tourists?
d Why does Ángela recommend the beach in Benalmádena?
e What is the problem with going to the big theme park?
f According to Bruno, what is the link between flamenco and Andalusia?
g What does he like about seeing a flamenco show?
h What elements of the April Fair does he mention?
i What three types of religious buildings does Carla mention?
j What trip does she recommend?

ciento catorce

Travel and tourism 7.2G

4 **Listen to five people (1–5) recommending visits in Andalusia. What do they recommend in these places? Mention two for each location.**

1. Fuengirola
2. The Alhambra in Granada
3. Ronda
4. Marbella
5. Seville

A	bridge
B	bullring
C	castles
D	cathedral
E	gardens
F	market
G	museum

H	old town
I	park
J	port
K	river
L	shops
M	square
N	summer palace

5 Translate these sentences into English.

a Vale la pena visitar el castillo.
b Debes ir a ver la plaza de toros.
c Recomiendo una excursión a la isla.
d Tienes que entrar en la catedral.
e Hay que ver la plaza mayor.

6 Translate these sentences into Spanish.

a You must go and see the port.
b It's worthwhile visiting the gardens.
c I recommend a walk in the park.
d You have to see the mosque.
e You have to visit the market.

7 Complete the sentences with the correct pronoun.

a ¿La cámara? No, ___ perdí.
b ¿El plano? Sí, ___ tengo.
c ¿Mis gafas de sol? Sí, ___ encontré.
d ¿El museo? Sí, ___ visitamos ayer.
e ¿Los billetes? Claro, ___ tengo aquí.
f ¿Mi bicicleta? Sí, ___ puse en el jardín.
g ¿Los recuerdos? Sí, ___ tengo en la maleta.
h ¿El puente? Sí, ___ vi esta mañana.

8 Work with a partner. Using the table of places in activity 4, take it in turns to recommend visiting each place.

Gramática

Making recommendations

There are a number of ways to make recommendations, as you have seen.

Tienes que visitar… – You have to visit…
Hay que ver… – You have to see…
Debes ir a ver… – You must go and see…
Vale la pena visitar… – It's worthwhile visiting…
Recomiendo una excursión… – I recommend a trip…
Puedes dar un paseo… – You can go for a walk…

Gramática

Object pronouns

To say 'it' and 'them' after a verb, use *lo* (masc. sing.), *la* (fem. sing.), *los* (masc. pl.) or *las* (fem. pl.). Usually, these pronouns go before the verb.

¿El puente? Sí, **lo** vi.
The bridge? Yes, I saw **it**.

¿Las maletas? Sí, **las** encontramos.
The suitcases? Yes, we found **them**.

Tienes que Vale la pena Hay que Debes ir a	visitar ver	el puente / castillo. la catedral / plaza. el mercado / museo. el parque / puerto el barrio antiguo.
Puedes dar un paseo por		
Recomiendo una excursión		al río. a la plaza de toros. a los jardines. a las tiendas.

ciento quince 115

7.2F ¿Qué tipo de vacaciones prefieres?

OBJECTIVES
- Different types of holidays
- Object pronouns
- The past continuous
- Pronunciation *ge, gi*

1. Read what these young people say about different holidays.
   What type of holiday is each person describing? Write the name of each person and the letter of their holiday.

A	beach	E	outdoor activity
B	cultural	F	theme parks
C	family reunion	G	volunteering
D	foreign travel	H	winter sports

2. Answer the questions in English.
   a. What work did Adrián do during his trip?
   b. Why did he feel the hard work was worthwhile?
   c. When did Sara go to Asturias?
   d. What two water-based activities did she do?
   e. Where is Toledo, according to Nicolás?
   f. Which religious buildings did he visit?
   g. What does Claudia say about the weather where she lives?
   h. What does she like to do on holiday at the end of the day?

3. Listen to five people talking about holidays. Choose the correct options to complete the sentences.
   a. Paula is going to the **countryside / mountains / coast**. Paula needs **a new suitcase / new clothes / a bigger rucksack**.
   b. Mateo wants **to learn English / avoid English-speaking countries / improve his English**.
   c. Irene loves shopping for **food / presents / clothes**. Irene **looks for bargains / doesn't worry about the price / buys gifts for family**.
   d. When Leo is abroad, he **doesn't like foreign food / loves trying new dishes / sticks to what he knows**.
   e. Carmen likes **seeing traditional costumes / dancing at parties / learning about customs**.

Adrián
El año pasado pasé dos semanas ayudando a pintar y mejorar una escuela en una zona pobre. Fue mucho trabajo, pero valió la pena; los niños estaban muy contentos y yo lo pasé muy bien.

Sara
En Semana Santa fui con mi instituto a Asturias en el norte de España. Pasamos una semana muy activa en el campo. Montamos a caballo, nadamos en el río y fuimos en un barco.

Nicolás
En verano visité Toledo, cerca de Madrid, con mis padres. Es una ciudad histórica con hermosos edificios. Visitamos la sinagoga, la mezquita, la catedral y el museo de arte.

Claudia
Yo soy del noroeste de España, donde llueve bastante. Por eso mis vacaciones ideales son ir a la playa en el sur del país. Allí, tomo el sol, nado en la piscina o en el mar y ceno al aire libre.

Pronunciación

ge, gi

The word *genial* you can hear in activity 3 is an example of the sound produced by the letter 'g' when followed by 'e' or 'i'. The 'g' sound is just like the sound made by the letter 'j' that was covered on page 111. It sounds like the 'ch' in the Scottish word 'loch'.

Other examples are: *gimnasio, colegio, región, coger, gente, general*

116 ciento dieciséis

Travel and tourism 7.2F

4 Complete the sentences with the correct past continuous form of the verbs in brackets. Then translate the sentences into English.

a Me caí cuando ___ (*bajar, yo*) del autobús.
b Empezó a llover cuando ___ (*conducir, nosotros*) por la ciudad.
c Compraste unas gafas de sol cuando ___ (*pasar, tú*) por el mercado.
d Se quemó cuando ___ (*tomar, ella*) el sol el primer día de las vacaciones.
e ¿Volviste al hotel porque ___ (*llover*)?
f Mis padres vieron a un actor famoso cuando ___ (*cenar, ellos*) en el restaurante.
g Llegamos a la estación y vimos que el tren ___ (*salir*).
h Perdí mi reloj cuando ___ (*nadar, yo*) en el mar.

5 Complete the sentences with the correct pronoun.

a ¿Mis gafas de sol? ___ perdí durante las vacaciones.
b ¿Mi abuela? ___ mandé un mensaje ayer.
c ¿El hotel? ___ reservamos en febrero.
d ¿Mis primos? ___ escribí el sábado pasado.
e ¿Mi mochila? Sí, ___ tengo aquí.

6 Translate these sentences into Spanish.

a He bought me a present.
b He bought us a book.
c He bought you (sing.) a drink.
d The book? She sent it to me.
e The flowers? She sent them to us.
f The photos? She sent them to him.

7 Work with a partner to take turns asking and answering these questions.

- ¿Qué te gusta hacer durante las vacaciones?
- ¿Cuál es el país que más te gustaría visitar? ¿Por qué?
- ¿Prefieres vacaciones tranquilas o activas? ¿Por qué?
- Describe un día divertido durante tus últimas vacaciones.

Example:
- *Durante las vacaciones me gusta…*
- *El país que más me gustaría visitar es…*
- *Prefiero las vacaciones…*
- *Cuando estaba de vacaciones…*

Los verbos

The past continuous

When you are talking about the past and you want to stress what you were doing at a certain time, use the past continuous tense. This is how it is formed.

Take the imperfect tense of *estar*	add the present participle	Examples
estaba estabas estaba estábamos estabais estaban	-*ando* for -*ar* verbs -*iendo* for -*er* and -*ir* verbs	*estaba trabajando* – I was working *estabas andando* – you were walking *estaban conduciendo* – they were driving

Gramática

Object pronouns

Object pronouns are the little words we use to stand in for a noun when we do not want to repeat ourselves. In English they come after a verb. In Spanish, they go in front of the verb.

Me dio una entrada. – He gave **me** the ticket.
La compró esa tarde. – He bought **it** that evening.
Te escribiré. – I will write **to you**.

Here is the full table of object pronouns.

Direct object pronouns		Indirect object pronouns	
me	me	to me	me
you (sing.)	te	to you (sing.)	te
him / it (masc.)	lo	to him / her / it	le
her / it (fem.)	la		
us	nos	to us	nos
you (pl.)	os	to you (pl.)	os
them (masc.)	los	to them (masc. / fem.)	les
them (fem.)	las		

When two object pronouns come together, put the indirect pronoun first.

Te lo mandaré mañana. – I will send **you it** tomorrow.

(If in doubt, the indirect pronoun is usually a person, so remember 'people before things'!)

If two 3rd person pronouns come together, then the indirect object pronoun changes from *le* to *se*.

Se lo mandaré mañana. – I will send **him it** tomorrow.

ciento diecisiete 117

8.1G Las redes sociales

OBJECTIVES
- Social networks
- Talking about good and bad points

1 Look at the graph which shows the percentage of young people that use different social networks each day. Then complete the statements below.

a La red social más usada es ___.
b La segunda red social más usada es ___.
c La red social menos usada es ___.
d El uso de Facebook y X (Twitter) es **muy diferente** / **bastante similar** / **exactamente lo mismo**.
e TikTok tiene **más usuarios que** / **menos usuarios que** / **tantos usuarios como** X (Twitter).
f El uso diario de YouTube es aproximadamente del **sesenta** / **setenta** / **ochenta** por ciento.

el/la usuario/a user

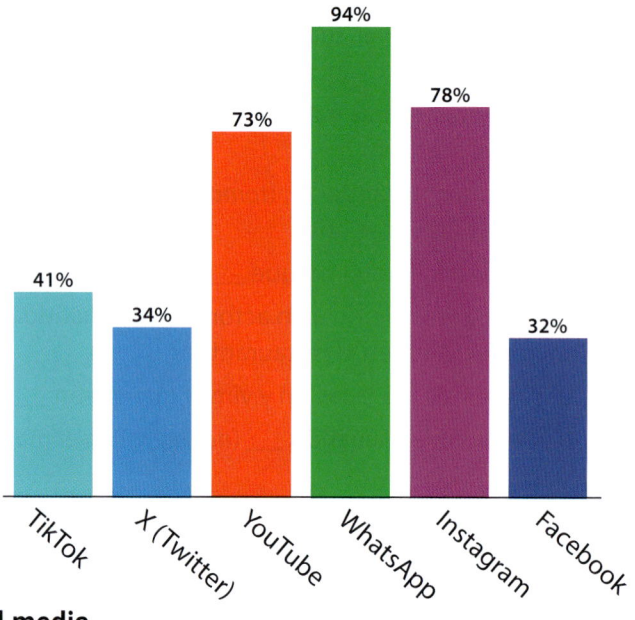

Graph percentages: TikTok 41%, X (Twitter) 34%, YouTube 73%, WhatsApp 94%, Instagram 78%, Facebook 32%

2 Read what this online guide says about different social media. Then choose the correct option to complete the sentences.

YouTube es la red social preferida por los jóvenes. Es un sitio donde puedes ver vídeos de artistas o puedes subir tus propios vídeos. El YouTuber Rubius, por ejemplo, tiene más de 15 millones de seguidores.

WhatsApp también es muy popular. Muchos jóvenes se conectan varias veces al día. En esta app puedes mandar mensajes o intercambiar fotos y vídeos.

Instagram Esta red social permite a los jóvenes subir sus *selfies*, *welfies* (fotos de uno mismo haciendo ejercicio) y vídeos. Después, los suben a esta red social para compartirlo con amigos, seguidores o gente que conocen. Esa persona joven y sus amigos son las estrellas de su página de Instagram.

Tuenti era una red social española, similar a Facebook. En el pasado era la red social preferida en España, con quince millones de usuarios. Sin embargo, poco a poco perdió a sus usuarios y se cerró como red social en 2016.

1 YouTube is the most used social network **in Spain** / **among young people** / **among adults**.
2 The article mentions **when YouTube began** / **the number of YouTube users** / **uploading your own videos to YouTube**.
3 The article tells us **how many followers Rubius has** / **where Rubius is from** / **what Rubius's YouTube page is about**.
4 What does the article **not** say about WhatsApp? **You can send messages.** / **You can share photos and videos.** / **You can make free calls.**
5 If I have an Instagram page, who are the stars of the page? **my friends and me** / **my favourite artists** / **my followers**.
6 Tuenti **was bought up by Facebook** / **had five million users** / **was Spain's favourite social network**.
7 Tuenti **changed its name in 2016** / **is no longer a social network** / **started charging its users**.

118 ciento dieciocho

Media and technology — **8.1G**

3 🎧 **Listen to what five people (1–5) say about how social media have helped them. Match them to the correct summary in the table.**

A	contact not lost
B	dog videos cheer us up
C	family pet saved
D	help with homework
E	keep relatives happy
F	shopping trip saved
G	useful comparison websites

4 **Translate these sentences into English.**

a Me gusta X (Twitter) porque los mensajes son cortos pero interesantes.

b Lo bueno de WhatsApp es que puedes llamar a tus amigos gratis.

c La ventaja de YouTube es que muchos vídeos son útiles y educativos.

d Prefiero Instagram para compartir mis fotos y vídeos.

e Uso sobre todo YouTube porque me gusta escuchar la música de mi grupo favorito.

Gramática

Talking about good and bad points

When you talk about social media, it is useful to have several ways in which to describe what is good and bad about each one. Here are some useful phrases.

Positive points	
Me gusta…	I like…
Lo bueno de…	The good thing about…
La ventaja de…	The advantage of…
Se puede + infinitive…	You can…
Tiene…	It has…

Negative points	
No me gusta…	I don't like…
Lo malo de…	The bad thing about…
La desventaja…	The disadvantage…
No se puede + infinitive…	You cannot…
No tiene…	It does not have…

5 **Complete each sentence with the correct word from the table. There are two words you don't need.**

A	acoso
B	confianza
C	fotos
D	llamar
E	móvil
F	red
G	robar

a Lo malo de las redes sociales es que hay mucho ___ en línea.

b Una desventaja de usar las redes sociales es que alguien te puede ___ tu información personal.

c No me gustan las redes sociales porque muchas de las ___ son falsas.

d Lo malo de las redes sociales es que los comentarios crueles pueden destruir tu ___ en ti mismo.

e Algunas personas son adictas a las redes sociales; miran su ___ todo el tiempo.

6 💬 **Work with a partner. Take turns to say how you use social media.**

Uso Me gusta Prefiero	WhatsApp Facebook TikTok Snapchat Instagram X (Twitter) YouTube	porque	es gratis. es muy práctico. los juegos son divertidos. los vídeos son graciosos.
		para	escuchar música. ver vídeos. mandar mensajes. subir fotos / vídeos. seguir a mis artistas favoritos/as. mantenerme en contacto con mis amigos/as o familia. leer las opiniones de la gente famosa.

ciento diecinueve

8.1F Los cambios en la tecnología

OBJECTIVES
- How technology has changed
- The perfect tense
- Revising numbers
- Pronunciation *rr*

1 Read the text and find the Spanish words and phrases for the following:

a the mobile weighed   b to recharge   c a colour screen   d touch screen

El primer teléfono móvil fue inventado en 1973. El 3 de abril, un ingeniero hizo la primera llamada de teléfono móvil de la historia. El móvil pesaba 1,1 kg y ¡era bastante grande! Te permitía un tiempo de conversación de solo treinta minutos y necesitaba diez horas para recargarse. En 1992 hubo un gran momento: se envió el primer mensaje de texto de la historia.

En 2002, llegó un teléfono que permitía ver las fotos en la pantalla, en lugar de tener que conectarlo a un ordenador. Este teléfono también tenía una pantalla en color y una cámara con flash. Con la llegada en 2007 del iPhone vino la primera pantalla táctil. Esta gran pantalla también permitía por primera vez navegar fácilmente por Internet.

2 Read the text again and answer the questions.

a What happened in 1973?
b What did an engineer do on April 3rd in that year?
c How much did the first mobile phone weigh?
d How long did it take to charge?
e What exciting event happened in 1992?
f When could you first get to see photos on a mobile?
g What other two developments came with this phone?
h What was the 2007 iPhone the first to provide?
i What advantage did the large screen give?

3 Write these years out in words.

a 1763   c 1987   e 2024
b 1891   d 2015

4 Listen to this speaker talking about the first appearances of some of our most common technology. Which invention is he talking about and when did it first appear?

	Event
A	first colour TV programmes
B	first computer
C	first laptop
D	first public TV programmes
E	first video game

	Year
1	1928
2	1946
3	1954
4	1958
5	1981

Cultura

Around 66% of young Spanish children between the ages of 10 and 15 have a mobile phone and 22% of those under 10 also have one. The use of technology increases from the age of 13 and research shows that girls use technology slightly more than boys.

Gramática

Revising numbers

When talking about specific years, you will need *mil* for one thousand and *dos mil* for two thousand. The hundreds are as follows:

*doscientos, trescientos, cuatrocientos, **quin**ientos, seiscientos, **sete**cientos, ochocientos, **nove**cientos*

Note that all but the three highlighted words are simply a combination of the basic number + *cientos*.

So, to put it all together:
1935 – mil novecientos treinta y cinco
1872 – mil ochocientos setenta y dos
2010 – dos mil diez
2025 – dos mil veinticinco

(Note that there is no 'y' where we put an 'and' in English – two thousand **and** ten)

120   ciento veinte

Media and technology | **8.1F**

5 Complete the sentences with the correct perfect tense form of the verbs in brackets.

a La tecnología ___ (cambiar) mucho en los últimos años.
b Mis padres ___ (comprar) una nueva televisión.
c Yo ___ (jugar) a un nuevo videojuego con mis amigos.
d Mi compañero y yo ___ (decidir) buscar información en Internet.
e ¿___ (perder, tú) tu móvil?
f ¿Por qué no ___ (responder, tú) a mis mensajes?
g Mi padre me ___ (dar) su portátil viejo.
h ¿___ (ver, vosotros) esa nueva serie en la tele?
i ___ (discutir, yo) con mi hermano por este videojuego.
j Los ingenieros ___ (diseñar) un nuevo móvil inteligente.

Los verbos

The perfect tense

This tense is the equivalent of the English 'has ___ -ed, have ___-ed' (I have worked, it has changed). This is how to form it:

	the present tense of *haber*	+ past participle (___-ed)	Examples	
I have you (sing.) have he / she / it has	he has ha	-ado -ido	he viajado has encontrado ha recibido	I have travelled you (sing.) have found he / she / it has received
we have you (pl.) have they have	hemos habéis han		hemos seguido habéis respondido han aprendido	we have followed you (pl.) have replied they have learned

There are lots of irregular past participles in English (like eaten, fallen, understood, flown, seen) but only a few in Spanish. One common one is **visto** (seen): I have seen – *he visto*.

6 Work with a partner. Use the ideas below to talk about the differences between old and new technology.

| Los móviles Las televisiones Los videojuegos Los ordenadores Los portátiles | viejos / as antiguos / as originales | eran | grandes, enormes, pequeños / as, pesados / as, aburridos / as, sencillos / as, básicos / as, | pero los / las nuevos / as son más / muy | grandes. pequeños / as. complicados / as. avanzados / as. realistas. ligeros / as.* |

ligero – light

7 Translate these sentences into Spanish.

a The new videogames are very realistic.
b The first laptops were very heavy.
c The mobiles of today have a touch screen.
d The first televisions were very small.
e Mobiles have changed a lot in the last ten years.

Pronunciación

rr

The double 'r' sound in Spanish is a very strong, rolled 'r'. It is just as strong when written as a single 'r' at the start of a word and after the letters 'l', 'n' and 's'. This can take a lot of practice! Here is a nonsense tongue-twister to practise:

*El pe**rr**o de San **R**oque no tiene **r**abo porque **R**amón **R**odríguez se lo ha **r**obado.*

ciento veintiuno | 121

8.2G La tecnología en casa

OBJECTIVES
- Gadgets
- Justifying and giving reasons
- Recognising past, present and future time frames

1 Carla talks about how her family use technology. Read the texts and find the Spanish for the words and phrases in the box below.

> laptop   tablet   email   robot vacuum cleaner   to take photos   screen
> computer   mobile   security cameras   e-reader

Mis abuelos tienen una tableta y la usan cuando quieren hablar con nosotros. Viven bastante lejos y la tableta es ideal para mantenernos en contacto.

Mi hermano Álvaro dice que puede encontrar todo lo que necesita en su móvil. Usa Internet para buscar información, hablar con sus amigos por WhatsApp, ver vídeos, hacer fotos... – ¡todo!

A mi padre le encanta la tecnología. Tenemos una aspiradora automática, cámaras de seguridad en el jardín y luces que se encienden automáticamente.

Muchas veces mi madre no va a la oficina y trabaja en casa. No podría hacer esto sin el ordenador. Su trabajo es bastante complicado y a veces necesita dos pantallas.

Jaime, mi hermano mayor, es estudiante y no podría vivir sin su portátil. Lo usa para sus estudios, para escribir notas en la biblioteca y para mandar sus trabajos a los profesores por correo electrónico.

Mi aparato tecnológico favorito es mi libro electrónico. Es muy rápido bajar novelas nuevas, no tienes que esperar a recibir libros o ir a la tienda. Además, hay cientos de novelas en un lector electrónico, no solo una.

2 Read the texts again and choose the correct option (a–c) to complete the sentences.

1 Carla's grandparents use the tablet…
   a to watch films.   b to videocall the grandchildren.   c to email family.

2 Carla's mother works…
   a from home.   b in an office.   c sometimes at home, sometimes at the office.

3 Carla's brother Álvaro thinks…
   a he needs a new phone.   b he doesn't really need a phone.   c all he needs is his phone.

4 Jaime delivers his university assignments to his tutors…
   a by email.   b by hand.   c by uploading them.

5 In the garden, Carla's father has installed automatic…
   a sprinklers.   b lights.   c alarms.

6 Carla loves her e-reader because…
   a the screen has a light.   b it's not as heavy as a book.   c it's quick to download your next book.

ciento veintidós

Media and technology 8.2G

3 🎧 **Listen to eight people (1–8) talking and decide whether these actions take place in the past (P), now (N) or in the future (F). Use the grammar box to help you.**

- a watching a film
- b buying a laptop
- c sending photos
- d downloading books
- e playing a video game
- f buying a mobile
- g breaking a laptop
- h installing security cameras

Los verbos

Recognising past, present and future time frames
Here are some verbs and time phrases to help you identify past, present and future tenses.

Past		Present		Future	
fui, fuiste, fue verbs ending in *-aba/-ía* verbs ending in a stressed vowel – mand**é**, compr**ó**, sal**í**	ayer *hace* + time esta mañana el año pasado	*es/son/hay estoy, está, estamos, están* + *-ando/-iendo*	hoy de momento ahora	*voy, va, vamos, van a* + infinitive verbs which use the infinitive as the stem *compr**ar**é, **ver**emos*	mañana. el mes que viene. el año próximo. este sábado.

4 ⭐ **Complete the sentences with *Me encanta (n)…*, *No me gusta (n)…* and *Prefiero*.**

- a ___ este portátil porque no pesa mucho; es fácil de llevar.
- b ___ la tableta porque es demasiado grande; ___ usar el móvil.
- c Para leer, ___ usar mi libro electrónico porque la tableta pesa mucho.
- d ___ usar la aspiradora automática en casa; es muy divertido verla funcionar.
- e ___ usar el ordenador de casa; es viejo y no funciona bien.
- f En general, ___ los ordenadores porque los portátiles tienen pantallas más pequeñas.

5 ✏️ **Look at the photo. Write five sentences about the photo in Spanish.**

Gramática

Justifying and giving reasons

… es muy viejo.
… pesa demasiado.
… la pantalla está rota.
… no funciona bien.
… es demasiado grande.
… el diseño es feo.
… es muy útil.
… el diseño es guay.
… es muy práctico.
… tiene muchas apps.
… no pesa mucho.

ciento veintitrés 123

8.2F ¿Cómo usas tu móvil?

OBJECTIVES
- Mobiles and their apps
- Revising object pronouns
- Pronunciation *h*

1 What can a mobile phone do? Read the descriptions and match to the correct picture.

a   b   c

d   e   f

auriculares headphones

1. Los últimos móviles tienen unas cámaras excelentes y hacen fotos increíbles. También puedes cambiar el color de la foto o quitar alguna cosa de la foto que no te gusta.

2. El móvil te permite escuchar música o programas sobre las cosas que te interesan. Si te pones **auriculares**, el ruido no molesta a otras personas.

3. En los móviles puedes encontrar miles de juegos diferentes. Puedes jugar tú solo, pero la tecnología también te permite jugar con otras personas.

4. Nunca más necesitarás llevar una calculadora a todas partes porque tu móvil tiene una calculadora como una de sus funciones básicas. ¡Muy útil en tus clases de matemáticas!

5. Aunque el móvil tiene una pantalla pequeña, puedes bajar y ver programas de televisión y películas en él. Perfecto cuando tienes un viaje largo y aburrido.

6. Con tu móvil, puedes mantenerte en contacto con amigos y familia que viven cerca de tu casa o que viven lejos en otros países. Puedes llamar, mandar mensajes o enviar correos electrónicos.

2 Read the texts again and answer the questions.
a What do the latest phones allow you to do with a photo? Mention **two** things.
b What is the benefit of using headphones?
c What does technology allow you to do with games on your mobile?
d What basic function is installed on your mobile, according to the text?
e According to the text, when might you find it useful to watch a film on your phone?
f According to the text, in what three ways can you keep in touch with family and friends on your mobile?

Media and technology — **8.2F**

3 Listen to six people (1–6) describing different apps. What does each app do? Write the correct letter for each app.

A	compares flight prices
B	creates schedules
C	finds lost phones
D	identifies bird song

E	identifies pieces of music
F	locates restaurants
G	monitors sleep patterns
H	provides road news

4 Write each sentence and fill in the gaps with the correct object pronouns.

a Esta app es muy útil; ___ uso todos los días.
b Mi móvil no funciona; ___ rompí esta mañana.
c Mi amigo vive en México; ___ mando mensajes cada semana.
d Mi prima está de vacaciones; ___ mandé esta foto ayer.
e Estas canciones son mis favoritas; ___ escucho mucho.
f No sé dónde están mis auriculares. ___ perdí la semana pasada.
g Dormía profundamente cuando el ruido de mi móvil ___ despertó.
h Si tú pagas el hotel, ___ mandaré el dinero hoy.
i Mis amigos quieren llamarme; ___ voy a mandar mi nuevo número.
j Tengo un lector electrónico; ___ uso para leer durante viajes largos.

5 Translate these sentences into Spanish. Remember to look out for object pronouns (found after the verb in English).

a I have a new mobile. I use it all the time.
b I like this app. It is very useful.
c My mobile has a great camera. It takes excellent photos.
d Pedro's laptop does not work; he broke it yesterday.
e I love these songs; I downloaded them on Saturday.

6 Work with a partner. Read the passage out loud to each other. Let your partner know if there any sounds that they can improve on.

> En los institutos españoles está prohibido usar móviles. Cuando los jóvenes están en clase, hacen actividades en el ordenador y usan diccionarios digitales. Pueden buscar información en páginas educativas en Internet, pero no está permitido jugar.

Pronunciación

h

The letter 'h' is not pronounced unless it is combined with 'c' to make 'ch' as in mu**ch**o.

At the beginning of the word, 'h' is silent; for example, in *horario, hotel, hijos, hablar*.

If it is in the middle of the word, as in *ahora*, pronounce the 'a' then the 'o' one after the other as if the 'h' were not there. Other examples are: *pro**h**ibir, a**h**orrar, en**h**orabuena*.

Gramática

Revising object pronouns

These are the main object pronouns. They usually go before the verb in Spanish.

me	me
you (sing.)	te
him / it (masc.)	lo
her / it (fem.)	la
us	nos

you (pl.)	os
them (masc.)	los
them (fem.)	las
to him / her	le
to them	les

Cultura

A Colombian computer engineer called Daniel Rodríguez is responsible for adapting the game Wordle for Spanish speakers. He did it over a period of two afternoons, inputting hundreds of words so that fans could play this word-guessing game in Spanish on their mobiles, tablets or computers.

ciento veinticinco **125**

9.1G Mi casa

OBJECTIVES • Home and contents • Revising adjectival agreement
• Present tense (1st person sing.)

1 Read the description of Noelia's bedroom. Find the correct Spanish words for the items labelled (A–K) in the picture.

Cuando entras por la puerta de mi dormitorio, ves una gran ventana que tiene vistas al jardín. Las paredes de mi dormitorio están pintadas de blanco, porque es un color relajante, y tengo una cama muy cómoda. Hay una lámpara en el techo, un armario donde guardo toda mi ropa y unos estantes para mis libros. Tengo una mesa y una silla porque normalmente hago los deberes en mi dormitorio. Mi portátil está en la mesa; lo uso para estudiar o para ver películas cuando estoy en la cama. Me gusta mi dormitorio porque es un espacio tranquilo donde puedo tocar la guitarra, escuchar música o ver vídeos.

2 Read the text again and answer the questions.

a What is the first thing you see when you go into Noelia's room?
b What does the bedroom overlook?
c What colour are the bedroom walls? Why does she choose this colour?
d What does Noelia say about her bed?
e What does she keep in the wardrobe?
f What does she do at her desk?
g What does she use her laptop for? (two things)
h What three things does she do in her room?

3 Listen to six people (1–6) talking about their homes.

Write **P** for a **positive** opinion
N for a **negative** opinion
P+N for a **positive** and **negative** opinion.

Gramática

Revising adjectival agreement
Remember that adjectives always match the gender and number of the noun.

masculine singular	feminine singular	masculine plural	feminine plural
-o (pequeño)	-a (pequeña)	-os (pequeños)	-as (pequeñas)
-e (grande)	-e (grande)	-es (grandes)	-es (grandes)
-l (azul)	-l (azul)	-les (azules)	-les (azules)

126 ciento veintiséis

The environment and where people live — 9.1G

4 ⭐ **Complete the sentences with the correct form of the adjectives in brackets. Then translate the sentences into English.**

a La casa es ___ (bonito), pero los dormitorios son demasiado ___ (pequeño).
b Las paredes del salón son ___ (azul).
c Las habitaciones de la casa son bastante ___ (grande) en general.
d Las ventanas del nuevo piso son ___ (enorme).
e Mi habitación ___ (favorito) es mi dormitorio.
f La casa siempre está muy ___ (limpio) y tiene un ambiente ___ (tranquilo).
g Las habitaciones son muy ___ (tradicional); prefiero un estilo más ___ (moderno).

5 🎯 **Copy and complete the table with the first person singular of the given verbs. Then translate it into English. Use the list on the right if you need help.**

Infinitive	first person singular	English
tener	tengo	I have
conocer		
dar		
estar		
hacer		
ir		
jugar		
pensar		
poder		
saber		
ser		
ver		

Support
juego
doy
puedo
pienso
hago
soy
sé
conozco
veo
voy
estoy

6 **Translate these sentences into Spanish.**

a I have a table in my bedroom.
b I watch television in the lounge.
c I do my homework at the table in the kitchen.
d I think that my bed is very comfortable.
e I can study in the lounge.
f I know that the flat is very small.
g I play basketball in the garden.
h I go to my room to play my guitar.

7 💬 **Look back at the key vocabulary on this spread. Then work with a partner to ask and answer these questions.**

¿Cómo es tu dormitorio? ¿Te gusta?
¿Cómo es tu casa? ¿Te gusta?
¿Qué haces en tu dormitorio?
¿Tienes un jardín? ¿Cómo es?
¿Qué es lo mejor de tu casa?
¿Qué es lo peor de tu casa?

ciento veintisiete

9.1F Mi pueblo y mi ciudad

OBJECTIVES
- Places in town
- Talking about the weather
- Adverbs of place
- Pronunciation *tu*

1 📖 Look at where the places are on the town plan. Complete the sentences with the words below. You do not need to use all the words.

banco	bosque	campos	castillo	cine	fábricas
hotel	iglesia	mercado	mezquita	montañas
museo	parque	playa	puerto	tiendas

norte oeste este sur

a Al oeste de la biblioteca hay unas ___.
b En el norte del pueblo hay unos ___ con frutas y verduras.
c Al este del castillo hay una zona de ___.
d El mercado está al lado de las ___.
e El hospital está entre la ___ y el ___.
f Al este de la biblioteca hay un ___ infantil.
g Al norte de las montañas hay una zona de ___.
h El castillo está detrás del ___.
i El banco está entre el ___ y la ___.
j Al lado del mar está la ___ y el ___ para los barcos.

2 📖 Look back at the town plan. Write out these sentences and complete them with the correct adverb.

a El hospital está ___ de la iglesia.
b El castillo está ___ los campos y el bosque.
c El cine está ___ del parque.
d El puerto está ___ de las fábricas.
e La playa no está muy ___ del castillo.
f Hay nieve ___ de las montañas.

Gramática

Adverbs of place

When talking about where things are in the home or in town, you will need these expressions:

lejos de – far from
cerca de – near to
detrás de – behind
entre – between
encima de – on top of
delante de – in front of
al lado de – next to

The environment and where people live — 9.1F

3 Listen to six people (1–6) talking about their town. Complete the table by choosing the correct letter for what facility they have in town and the letter for what they do not have.

	✓	✗
1		
2		
3		
4		
5		
6		

A	toilets
B	hotels
C	green spaces
D	bridge
E	airport
F	industry
G	offices

H	restaurants
I	theme park
J	shopping centre
K	market
L	beach
M	swimming pool
N	bullring

Pronunciación

tu

Notice the way *turistas* was pronounced in the recording. The sound 'tu' is very pure in Spanish, nothing like the 'choo' sound in 'inst**tu**te' and 'na**tu**ral'. Practise the sound in these Spanish words:

instituto, situación, cultura, actual, temperatura

4 Translate these sentences into English.

a El clima en el sur es muy agradable durante el invierno.
b En verano las temperaturas subieron hasta más de cuarenta grados.
c Iremos a las tiendas esta tarde porque ahora está lloviendo.
d Es bastante común tener lluvia durante la Semana Santa.
e Hace sol hoy, pero hace bastante viento al lado del río.
f No me gustan los inviernos de mi país; siempre tenemos cielos grises y llueve todo el tiempo.
g Cuando nieva en el norte, hay bastante nieve para hacer deportes de invierno.

5 Work with a partner and take turns. Use the town plan in activity 1. Choose a place and tell your partner where it is. You can use the adverbs of place and / or the points of the compass. Your partner must tell you which place you have chosen.

Person 1: *Este sitio está al este del castillo.*
Person 2: *Es el bosque.*

6 Write an article about where you live (approximately 90 words in Spanish).

Mention:
- what there is in your town
- what you did in town with your friends last weekend
- what else you would like to have in your town.

Example: En mi pueblo / ciudad hay... El fin de semana pasado fui al / a la... con mis amigos. En mi pueblo / ciudad, me gustaría tener...

Gramática

Talking about the weather

These are the words and phrases you will need to talk about the weather.

¿Qué tiempo hace?	What is the weather like?
hace frío	it is cold
hace fresco	it is cool
hace viento	it is windy
hace calor	it is hot
hace sol	it is sunny
hace buen tiempo	it is good weather
hace mal tiempo	it is bad weather

llueve	it rains
está lloviendo	it is raining
la lluvia	the rain
nieva	it snows
está nevando	it is snowing
la nieve	the snow
el clima	the climate
la temperatura	temperature
el grado	degree

Cultura

Almost all Spanish towns have a *Plaza Mayor*, the main square, which began to be a feature towards the end of the Middle Ages. Across the country there are a range of different styles, but most are rectangular with semi-circular arches. They are a great place to start exploring a town, to meet up with friends, eat or stop for coffee.

ciento veintinueve 129

9.2G El medio ambiente en mi región

OBJECTIVES
- Talking about your local environment
- Expressions with *estar*
- Revising the perfect tense

1 Read these entries on a town Facebook page. Decide whether the situations mentioned happened in the past (P), are happening now / regularly (N) or will happen in the future (F).

> Hace unos años el río estaba tan contaminado que no había vida en el agua. Han trabajado mucho para mejorar la situación y ahora, las aguas están completamente limpias. Yo doy un paseo al lado del río los domingos y es muy agradable ver todos los pájaros. **Eva**

> Yo creo que el aire de nuestra ciudad está muy sucio y es muy malo respirarlo. En el futuro, con más coches eléctricos, será menos peligroso pasar tiempo en la ciudad. **Rafael**

> La semana pasada vi a un grupo de jóvenes en el parque infantil. Había música y estaban gritando y bebiendo vino. Ahora el parque está lleno de basura y no quiero llevar a mi hija allí. **María**

> El verano pasado, cuando alguien **provocó un incendio** cerca del bosque, destruyó muchas plantas y árboles. Hizo mucho daño al campo. **Rodrigo**

> En nuestro instituto, empezamos un nuevo proyecto la semana que viene. Hemos escogido a una persona en cada clase que será responsable de apagar todas las luces y los ordenadores al final del día. Así, vamos a ahorrar energía. **Silvia**

provocar un incendio — to cause a fire

a polluted river
b Eva's walk by the river
c air pollution in the city
d electric cars
e antisocial behaviour in the park
f litter in the park
g wildfire near the woods
h plants and trees destroyed
i energy-saving scheme

2 Read the entries again and choose the correct option to complete each sentence.
1 The pollution…   a came from factories.   b destroyed wildlife.   c spread to the beach.
2 Eva goes for a walk on…   a Fridays.   b Saturdays.   c Sundays.
3 Eva enjoys seeing the…   a birds.   b flowers.   c clean water.
4 Rafael hates…   a seeing the dirty city air.   b breathing the dirty city air.   c smelling the dirty city air.
5 There was a lot of…   a noise.   b violence.   c graffiti in the park.
6 Now, María will not…   a walk there.   b take her daughter there.   c picnic there with her children.
7 The fire took place…   a last summer.   b on Friday.   c a month ago.
8 Silvia's school project starts…   a at the end of the day.   b after the holidays.   c next week.
9 The project will save…   a money.   b energy.   c time.

3 Listen to six people (1–6) talking about where they live. For each one, write down the problem and the suggested solution.

130 ciento treinta

The environment and where people live 9.2G

4 **Translate these sentences into Spanish. Look at the entries in activity 1 for help with vocabulary.**

a He has started the project.
b I have lit a fire.
c You (sing.) have turned out the lights.
d I have cleaned my bedroom.
e They have seen the litter.
f She has gone out to the park.
g We have arrived.
h I have eaten my breakfast.

5 **Translate these sentences into English.**

a Los árboles de la ciudad están muertos.
b Aquí el mar está lleno de plástico.
c El aire de la zona industrial está muy contaminado.
d Los ríos que corren por el centro están muy sucios.
e Hay muchas zonas de bosque que están destruidas.
f Ahora los espacios verdes están limpios.
g Los parques de nuestra ciudad están protegidos.

6 **Work with a partner and take it in turns to describe what you see in the picture.**

7 **Write 90 words in Spanish about the environment in your area. You can mention both good and bad aspects.**

Los verbos

Revising the perfect tense

To say 'has / have + past participle' (I have cleaned), you need the perfect tense that you saw in unit 8. This is a reminder of how it is formed.

haber		Examples	English
he		he lleg**ado**	I have arrived
has	+ past participle -ado, -ido (compr**ado**, vend**ido**)	has mand**ado**	you (sing.) have sent
ha		ha beb**ido**	he / she has drunk
hemos		hemos com**ido**	we have eaten
habéis		habéis recib**ido**	you (pl.) have received
han		han sal**ido**	they have gone out

Remember that the past participle of *ver* is *visto* (seen).

Gramática

Expressions with *estar*

When you talk or write about the environment, you will find that you need a lot of expressions that use the verb *estar*. Here are some of the most useful ones.

estar contaminado/a	to be polluted	estar sucio/a	to be dirty
estar muerto/a	to be dead	estar destruido/a	to be destroyed
estar limpio/a	to be clean	estar protegido/a	to be protected
estar lleno/a (de)	to be full (of)		

Here are two expressions with *estar* that are used in the comments in activity 1. Can you find another two?

*El aire de nuestra ciudad está muy suc**io**.* – The air in our city is very dirty.

*El parque está llen**o** de basura.* – The park is full of rubbish.

Note the agreement here: *suc**io*** describes the air *(el aire)* and *llen**o*** describes the park *(el parque)*.

En mi región, lo bueno es que	el río / el mar el aire el parque las calles unas zonas de bosque algunos árboles	está / están	limpio/a/os/as. protegido/a/os/as.
Un aspecto malo negativo es que			contaminado/a/os/as. sucio/a/os/as. llenos/a/os/as de basura. destruido/a/os/as. muerto/a/os/as.
Hay mucho/a	contaminación / humo de las fábricas / ruido del tráfico.		
Hay muchos/as	espacios verdes / campos y arboles / parques y jardines.		

ciento treinta y uno **131**

9.2F El medio ambiente y yo

OBJECTIVES
- Helping the environment
- The preterite (first person singular)
- The imperative
- Pronunciation *v*

1 Read this article and match the categories from the table to each piece of advice.

el contenedor	container, bin
la calefacción	heating

Aquí tienes una lista de cosas que podrías hacer:

1. Separar la basura y ponerla en los **contenedores** correctos.
2. Bajar la **calefacción** un poco en cada habitación, reduciendo la temperatura un grado.
3. Ponerte más ropa si tienes frío, sin subir la calefacción.
4. Evitar dejar correr el agua cuando no la usas.
5. Llevar la ropa usada a una tienda de ropa de segunda mano.
6. Recoger el agua de la lluvia para regar las plantas del jardín.
7. Participar en proyectos de tu barrio, como recoger basura o plantar árboles.
8. Apagar las luces de las habitaciones donde no haya nadie.
9. Dejar comida en el jardín para los pájaros durante el invierno.
10. Ir a pie o en bicicleta al colegio en lugar de ir en coche.
11. Empezar un club en tu instituto y compartir ideas sobre proyectos que hacer en el colegio.

Categories

a	caring for wildlife
b	keeping warm
c	recycling
d	saving energy
e	saving water
f	working with others

Un grupo de jóvenes voluntarios plantando un árbol.

Cultura

All areas of Spain suffer periods of drought from time to time, but climate change has made the situation worse. Research shows that Spain is suffering the driest climate for 1,200 years. The millions of tourists that go to Spain every year use water without realising what a precious resource it is.

2 Read the text again. What suggestions are given about the following?

a tap water
b rain water
c birds
d old clothes
e transport
f local volunteering
g feeling cold

3 Listen to four students (1–4) reporting on the environmental projects that the student committee organised this year.

1 a In autumn, where did they plant trees?
   b What two reasons does she give for the planting?
2 a In winter, what did the students collect?
   b What does the supermarket plan to do?
3 a In spring, what did the committee organise?
   b Why was this possible?
4 a In summer, what competition did they organise?
   b What will happen to the winning design?

Pronunciación

v

The sound made by the letter 'v' at the beginning of a word is very strong, like a 'b'. You heard *verano* in the recording. Practise saying these words in Spanish:

verano, **v**oy, **v**amos, **v**iernes, **v**iaje, **v**ender, **v**ale, **v**isitar

ciento treinta y dos

The environment and where people live 9.2F

4 **Translate these sentences into English.**

a Pon las flores en la mesa.
b Protege las plantas jóvenes del sol.
c Recicla las botellas de plástico.
d Respeta a los animales y a los pájaros.
e Ahorra energía en cada habitación.
f Usa menos agua cuando te limpias los dientes.
g Haz un anuncio para el concurso.
h Ven aquí y ayúdame a plantar este árbol.

5 **Look back to activity 1 where all the advice was given in the infinitive. Turn the verbs into commands.**

1 Separar la basura y ponerla en los contenedores correctos.
*Example: **Separa** la basura y **ponla** en los contenedores correctos.*

6 **Look back at the list of advice in activity 1. Use the ideas there to answer these questions about last week.**

a ¿Qué hiciste para proteger el medio ambiente?
(separated rubbish)
b ¿Cómo ahorraste energía?
(turned down heating in each room)
c ¿Cómo ahorraste agua? (did not let water run)
d ¿Qué hiciste con la ropa usada?
(took old clothes to second-hand shop)
e ¿Cómo ahorraste agua?
(saved rainwater for plants in garden)
f ¿Cómo ahorraste energía? (turned off lights at home)
g ¿Cómo ayudaste a la naturaleza?
(left food in the garden for the birds)
h ¿Qué más hiciste?
(started a club at school to share ideas)

7 **Work with a partner to talk about what you are going to do in the future to help the environment. Use *Voy a* + infinitive or *No voy a* + infinitive and see if you can use these verbs.**

*Example: En el futuro voy a respetar la naturaleza.
No voy a tirar basura en el campo.*

Los verbos

The imperative

When giving advice or instructions, the imperative is often used. In Spanish the regular verbs follow this pattern when you are speaking to one person.

Infinitive	Ending	Example	English
-ar	-a	Apag**a** la luz.	Turn off the light.
-er	-e	Recog**e** la basura.	Pick up the rubbish.
-ir	-e	Conduc**e** con cuidado.	Drive with care.

If a verb is radical changing, the change will also occur in this form of the imperative.
V**ue**lve a casa pronto. – Come home soon.
Object pronouns go on the end of these commands.
Pon**te** las gafas de sol. – Put on your sunglasses.

Common irregular verbs in the imperative include:
haz – make, do   *di* – tell, say   *ten* – have, take
pon – put   *ven* – come   *ve* – go
sal – go out, leave *sé* – be

Los verbos

The preterite (first person singular)

To talk about something you did in the past, the preterite is the most used tense.

To put *-ar* verbs into the first person singular preterite, remove the *-ar* and add *-é*.

Be careful with:

- infinitives that end in *-gar*: in the first person singular these will become *-gué*. (cargar > car**gué** – to carry)
- infinitives that end in *-zar*: in the first person singular these will become *-cé*. (caza > ca**cé** – to hunt)
- infinitives that end in *-car*: in the first person singular these will become *-qué*. (aparcar > apar**qué** – to park)

recoger	to pick up, collect	reciclar	to recycle	encender	to turn on
apagar	to turn off, turn out	proteger	to protect	limpiar	to clean
respetar	to respect	usar	to use	ahorrar	to save
tirar	to throw, throw away	plantar	to plant	separar	to separate

ciento treinta y tres 133

Theme 3

Cultura
España: ¡Todo bajo el sol!

1 📖 Read the descriptions of the different autonomous regions of Spain. Write down the name of the region that corresponds to each letter on the map.

Andalucía la comunidad más grande al sur del país

Aragón región grande que hace frontera* con Francia y Cataluña

Asturias región en la costa norte; se parece un poco a un zapato

Cantabria pequeña región al norte, en la costa, al este de Asturias

Castilla La Mancha comunidad grande en el centro, no tiene fronteras con otro país

Castilla León comunidad grande, de color rojo en el mapa, que tiene fronteras con Portugal

Cataluña comunidad en el noreste, en la costa y que hace frontera con Francia

Extremadura región grande al oeste; tiene frontera con Portugal

Galicia región directamente al norte de Portugal

Islas Baleares islas en el mediterráneo al este del país

Islas Canarias grupo de islas al suroeste de España, cerca de África

La Rioja pequeña región sin costa, de color amarillo en el mapa, al sur del País Vasco y Navarra

Madrid pequeña comunidad triangular en el centro del país

Murcia pequeña región en la costa sureste de España

Navarra pequeña región al norte; tiene frontera con Francia

País Vasco situado en la costa norte, de color verde en el mapa.

Valencia comunidad larga y delgada en la costa este del país.

frontera border

Cultura

El Camino de Santiago, St James' Way

In Galicia, the city of Santiago de Compostela is an important religious centre because the tomb of St James was discovered there in the 9th century. Now some 350,000 people a year walk the hundreds of miles of the Camino de Santiago, which in fact is not one, but many different routes from all over Europe leading to the cathedral in Santiago.

norte
noroeste   noreste
oeste   este
suroeste   sureste
sur

134 ciento treinta y cuatro

Theme 3

2 🎧 **Listen to this woman's advice and experiences of the Camino de Santiago. Select the aspects that she mentions.**

A	distances
B	food
C	luggage
D	meeting people
E	pain
F	scenery

The cave dwellings of Guadix

3 📖 **Read the text below and work with a partner to find out the following about Doñana.**

What is it?   Where is it?   What kind of habitat is there?   Why is it important for birds?
How can you get round the reserve?   What kind of work can volunteers do?

THE DOÑANA NATURE RESERVE

Situado en el suroeste de España, el parque nacional de Doñana es una zona enorme de tierra protegida. Está formada por campos, árboles, ríos, lagos* y playas. Más de 230 especies de pájaros viven allí y la región también es el sitio donde muchas otras especies de aves descansan después de llegar de otras partes de Europa y de África. Los visitantes pueden explorar el lugar a pie, en bicicleta o a caballo. Si quieres trabajar como voluntario allí, puedes ayudar a mantener el hábitat o a observar el comportamiento de los pájaros.

*lago - lake

4 🗨 **Work with a partner to translate the article into English.**

UNA ESTRELLA DEL POP

La princesa del pop español se llama Aitana Ocaña Morales, o simplemente Aitana, y nació en Barcelona en 1999. Participó en una serie de Operación Triunfo* y ganó el segundo puesto en el concurso musical. Es cantante y compositora* y ha recibido muchos premios por su música. En sus entrevistas con la prensa* parece simpática y natural. Solo ha tenido un problema una vez en la que los reporteros la siguieron cuando estaba con su novio. Terminó* llorando* en un taxi después de esta invasión de su vida privada*. Además de crear música, también empezó una carrera como actriz, haciendo un papel en la serie *La Última*.

Operación Triunfo – name of a talent show
compositora – songwriter
prensa – press
terminó – she ended up
llorar – to cry
privado – private

5 ✏ **Another singer from *Cataluña* is called *Bad Gyal*. Research her and write a short report about her, like the one in activity 5.**

ciento treinta y cinco 135

Theme 3 — Grammar practice

Me gustaría, me encantaría, preferiría

1 Complete the sentences with the correct conditional form of the verbs in brackets.

a Para ir al extranjero ___ (preferir, yo) ir en avión.
b De todos los países, el que más me ___ (gustar) visitar es México.
c Creo que ___ (ser) mejor hacer el viaje en tren.
d Tú no ___ (poder) ir en barco; es un viaje demasiado largo.
e Decidí que ___ (poner, yo) mis maletas en la habitación primero.
f ¿No dijiste que ___ (hacer, tú) la reserva hoy?
g Creo que ___ (costar) mucho pasar la noche en ese hotel.
h Pensé que ___ (haber) un café en la playa.
i Me ___ (encantar) pasar unas semanas en la costa.
j Dijo que él ___ (conducir), pero ahora tiene un problema con el coche.
k Creímos que la habitación ___ (tener) vistas al mar.
l Normalmente ___ (ir, nosotros) en bicicleta, pero la bici está rota en este momento.

Revising comparatives

2 Complete the sentences with the Spanish translation of the words in brackets. Remember to make adjectives agree.

a El tren es mucho ___ (faster than) el autobús.
b Las afueras son ___ (more peaceful than) el centro de la ciudad.
c La pantalla del portátil es ___ (as big as) la pantalla del ordenador.
d Los billetes para el barco son ___ (more expensive than) los del año pasado.
e Ahora, el río está ___ (much cleaner).
f En mi opinión, un móvil es ___ (more useful than) una tableta.
g Las calles no están ___ (as dirty as) estaban el año pasado.
h Los hoteles de las afueras siempre son ___ (cheaper than) los del centro.
i Esta casa es mucho ___ (more comfortable than) la del verano pasado.
j Creo que los recuerdos aquí son ___ (more interesting) en la otra tienda.

Making recommendations

3 Translate these sentences into English.

a No recomiendo ir de vacaciones en agosto.
b Tenemos que ir de compras hoy porque mañana las tiendas están cerradas.
c Debes ir de paseo por el campo; está muy bonito en primavera.
d Hay que mirar los precios antes de reservar el hotel.
e No debes nadar en el mar cuando hace mucho viento.

Communication and the world around us — Theme 3

Object pronouns

4 Complete the sentences with the correct object pronoun: *lo*, *la*, *los* or *las*.

a Tengo una tableta nueva. ___ uso para ver películas.
b Mi portátil está roto. ___ rompí ayer.
c ¿Viste mis fotos? ___ subí a Instagram esta mañana.
d ¿Sabes dónde están mis zapatos? ___ quiero poner en la maleta.
e Es un libro muy bueno. ___ leí el año pasado.
f Mamá, ¿dónde está la mochila? ___ necesito para hacer camping.
g Aquí están tus gafas de sol; ___ encontré en la mesa.
h Pero, ¿dónde están los billetes? ¿___ tienes tú?

5 Choose the correct translation for each sentence.

1 He gave her the tickets.
  a Te dio los billetes.
  b Les dio los billetes.
  c Le dio los billetes.
2 I sent them the money.
  a Les mandé el dinero.
  b Os mandé el dinero.
  c Nos mandé el dinero.
3 She showed us the room.
  a Os mostró la habitación.
  b Nos mostró la habitación.
  c Les mostró la habitación.

The past continuous

6 Translate these sentences into Spanish. Use the past continuous.

a She was selling souvenirs.
b He was driving a car.
c I was looking for the swimming pool.
d You were eating in the hotel.
e The train was arriving.
f You (sing.) were visiting the mosque.
g Was he looking at the plan?
h Juan was swimming in the sea.
i I was sunbathing on the beach.
j My sister was buying the tickets.

Talking about good and bad points

7 Translate these sentences into English.

a Me gusta mi móvil porque tiene muchos usos.
b Lo malo de mi portátil es que es muy lento.
c La ventaja de un libro electrónico es que es muy ligero.
d La desventaja de la tableta es el tamaño de la pantalla.
e No me gusta ver la tele porque hay muchos anuncios.
f Lo bueno de mi ciudad es que hay muchas instalaciones deportivas.
g El pueblo tiene parques y jardines donde poder sentarse y descansar.
h Lo bueno de ir en primavera es que hay menos turistas.

The perfect tense

8 Complete the sentences with the correct present perfect form of the verbs in brackets.

a Este mes ___ (llover) más de lo normal.
b El ayuntamiento ___ (construir) una nueva carretera.
c ___ (ver, nosotros) billetes para una excursión muy interesante.
d ___ (reservar, yo) el vuelo para Mallorca.
e ¿___ (ir, tú) al nuevo supermercado?
f El pueblo ___ (cambiar) mucho en los últimos años.
g ¿___ (viajar, vosotros) mucho por España?
h ___ (encontrar, yo) una cámara al lado de la piscina.
i Barcelona es estupenda. ___ (ser) una semana excelente.
j ¿___ (comer, tú) alguna vez en ese restaurante?

Revising numbers

9 Write out these numbers in figures.

a Dos mil diecinueve
b Mil setecientos cincuenta y uno
c Novecientos sesenta y ocho
d Quinientos veintidós
e Mil trescientos diez

10 Write out these numbers in words.

a 1936   c 1579   e 95
b 2024   d 713

Theme 3 — Grammar practice

Revising adjectival agreement

11 Write out the sentences making the underlined adjectives agree.

a Los <u>nuevo</u> ordenadores son muy <u>rápido</u>.
b La tecnología <u>moderno</u> es muy <u>importante</u> en el trabajo.
c Los niños <u>joven</u> pasan <u>demasiado</u> horas en las redes sociales.
d La información de <u>alguno</u> sitios web no es siempre <u>correcto</u>.
e Mis amigos <u>inglés</u> me mandan fotos muy <u>gracioso</u> por WhatsApp.
f Las series <u>mexicano</u> de la tele me parecen muy <u>tonto</u>.
g Voy a hacer unas tapas <u>especial</u> para nuestros amigos <u>español</u>.
h Me mandaste <u>mucho</u> mensajes anoche, María. ¿Estabas <u>aburrido</u>?

Adverbs of place

12 Complete the sentences with the Spanish translation of the words in brackets. Remember that *de* combines with *el* to become *del*. Then translate the sentences into English.

a El río no está ___ (very far from) la ciudad.
b El hotel está ___ (close to) el barrio chino.
c El jardín está ___ (behind) la casa.
d El museo está ___ (between) la plaza y el mercado.
e Hay un pájaro ___ (on top of) la iglesia.
f Hay espacio para tu coche ___ (in front of) el restaurante.
g Hay una estación de metro ___ (next to) el aeropuerto.
h El barco pasó ___ (underneath) el puente.

Revising the irregular 1st person present tense

13 Complete the text with the present form (first person singular) of the verbs in brackets. Pay attention because they are all irregular verbs.

En mi tiempo libre, (a) ___ (hacer) varios deportes y también (b) ___ (jugar) a los videojuegos. (c) ___ (pensar) que algunos de mis juegos son un poco tontos ahora que (d) ___ (ser) un poco mayor. Creo que (e) ___ (poder) llevarlos a una tienda de segunda mano, pero no (f) ___ (saber) si hay una en el pueblo. A veces le (g) ___ (dar) mis juegos viejos a un chico que (h) ___ (conocer) en mi calle, pero no (i) ___ (estar) seguro de si le gustarían estos. (j) ___ (ir) a preguntarle el viernes porque siempre le (k) ___ (ver) en el club de jóvenes.

Talking about the weather

14 Translate these sentences into Spanish.

a The south of Spain has a very pleasant climate in winter.
b It rains a lot in autumn.
c It is a little bit cool this evening.
d I don't want to eat outdoors; it is too cold.
e We do not want to go out in the boat; it is too windy this morning.
f The temperatures are very high today.

The imperative

15 Translate these sentences into English.

a Ten cuidado de no molestar a los pájaros en el parque.
b Proteged las especies que están en peligro.
c Haz algo cada día para proteger el medio ambiente.
d Para llegar al río, sal de aquí y sigue ese camino.
e Dime a qué hora vas a llegar.
f Pon las maletas en la habitación.
g Venid a visitarme durante las vacaciones de verano.
h Cierra la ventana por favor.

Communication and the world around us — Theme 3

The preterite (1st person singular)

16 Complete the sentences with the preterite form (first person singular) of the verbs in brackets.

a Cuando salí de la habitación, ___ (apagar) la luz.
b Después de comer, ___ (empezar) con los deberes.
c Al llegar a Córdoba, ___ (buscar) mi hotel.
d Les ___ (explicar) a los turistas cómo llegar a la estación.
e Llamé a mis padres cuando ___ (llegar) al pueblo.
f En verano, ___ (organizar) actividades para los niños en el camping.
g Ayer ___ (tocar) la guitarra en un concierto de mi instituto.
h ___ (pagar) la cuenta y salí del restaurante.
i Aprobé el examen de conducir porque ___ (practicar) mucho antes.
j El sábado pasado ___ (jugar) al fútbol en el parque.
k En septiembre, ___ (comenzar) la carrera de medicina.
l En los últimos exámenes ___ (sacar) notas bastante buenas.

Revising the perfect tense

17 Translate these sentences into Spanish.

a He has arrived.
b They have gone out.
c She has received a message.
d I have remembered.
e You (sing.) have started.
f You (pl.) have finished.
g I have bought a new laptop.
h We have booked the hotel.
i She has put out the fire.
j They have seen the bill.

Expressions with *estar*

18 Write an answer to each question using the words in brackets. Try to develop your answer to give an explanation, a reason or a consequence.

¿Qué tal las calles del pueblo? (limpio)

Example: Están muy limpias porque la gente no tira basura.

a ¿Qué tal el aire de la ciudad? (sucio)
b ¿Qué tal los ríos de la ciudad? (contaminado)
c ¿Qué tal las flores del jardín? (muerto)
d ¿Qué tal los parques de tu región? (protegido)
e ¿Qué tal el aire del campo? (limpio)
f ¿Qué tal la ciudad en verano? (lleno de turistas)
g ¿Qué tal el parque de atracciones? (cerrado)
h ¿Qué tal los niños? (aburrido)
i ¿Qué tal tú? (cansado)
j ¿Qué tal tu hermano y su novia? (casado)

Recognising past, present and future time frames

19 Copy the table below. Then read the text and write down in the correct column all the clues that tell you whether events are happening in the past, present or future. They might be verbs or time phrases.

Past	Present	Future

El hotel donde estamos este año es estupendo y las habitaciones son grandes y muy cómodas. No están incluidas las comidas y por eso normalmente vamos a uno de los restaurantes del pueblo. Ayer fuimos a un café al lado del mar y comimos una paella. Anoche había un espectáculo de baile en el hotel; fue excelente. ¡No me acosté hasta las doce y media! El jueves que viene vamos a hacer una excursión en barco y visitaremos algunos pueblos de la costa. Estaré muy triste al final de la semana; no voy a querer volver a casa.

Theme 3 — Foundation Vocabulary

Words that are highlighted in grey in this list are words that may be useful, but you won't need to know them for the exam.

7.1G ¿Cómo te gusta viajar?

el *avión* plane
el *barco* boat
la *bicicleta* bike, bicycle
el *billete* ticket
la *carretera* road
el *coche* car
coger to catch
de pie standing, on foot
el *extranjero* abroad
la *estación* station
ir de compras to go shopping
lento/a slow
llegar to arrive
el *metro* metro, tube, underground
el *puerto* port, harbour
relajante relaxing
salir to leave
el *tren* train
viajar to travel

7.1F ¿Qué haces durante las vacaciones?

al aire libre in the open air, outdoors
alojarse to stay
aprender to learn
el *baloncesto* basketball
el *bosque* wood, forest
buscar to look for
la *carretera* road
la *ciudad* town, city
cocinar to cook
conducir to drive
conocer to know (a person or place)
la *costa* coast
decidir to decide
descansar to rest
el *edificio* building
emocionante exciting
el/la *empleado/a* employee
el *equipo* equipment

la *estrella* star
excelente excellent
la *excursión* trip
la *foto* photo
fresco/a cool, fresh
el *fuego* fire
la *habitación* room
hacer camping to go camping
histórico/a historic
el *hotel* hotel
el *interés* interest
el *invierno* winter
ir de compras to go shopping
la *isla* island
el *jardín* garden
el *lado* side
lleno/a full
el *lugar* place
la *maleta* suitcase
el *mercado* market
mirar to look at
la *mochila* rucksack
montar to set up, to ride
la *naturaleza* nature
nuestro/a our
el *país* country
el *paisaje* country, countryside
pasado/a past
perderse to get lost
la *piscina* swimming pool
el *plano* map, street plan
la *playa* beach
principal main
probar to try, try out
la *recepción* reception
el *recuerdo* souvenir
el *regalo* present, gift
reservar to book
el *restaurante* restaurant
el *sitio* place
sobre on
tener calor to be hot
la *tienda* tent, shop
tomar el sol to sunbathe
el/la *turista* tourist
vender to sell
el *verano* summer

el *viento* wind
visitar to visit

7.2G Una visita a Andalucía

abril April
el *acuario* aquarium
además de as well as
andar to walk
el *árbol* tree
la *arquitectura* architecture
el *arte* art
el *caballo* horse
la *cámara* camera
el *castillo* castle
la *catedral* cathedral
celebrarse to be held
cerca (de) near (to)
la *cultura* culture
el *desfile* parade
entrar en to go into
el *espectáculo* show
la *excursión* trip, visit, excursion
la *fiesta* fiesta, festival
el *flamenco* flamenco (dance/music)
genial great
hay que you have to, one must
los *hijos* children, sons and daughters
la *iglesia* church
la *isla* island
el *lado* side
lejos far
la *mezquita* mosque
millón million
los *niños* children
el *origen* origin
el *palacio* palace
el *parque acuático* water park
el *parque temático/de atracciones* theme park
el *plano* street map
la *plaza de toros* bull ring
la *plaza mayor* main square
popular popular
el *puente* bridge, Bank Holiday
quedarse to stay
la *razón* reason

Theme 3

recomendar to recommend
el *recuerdo* souvenir
seguro/a safe, secure
el *sur* south
tan so
la *tradición* tradition
tradicional traditional
un poco a little, a bit
vale la pena it's worthwhile
el *vestido* dress
la *vista* view

7.2F ¿Qué tipo de vacaciones prefieres?

bajar de to get off (transport)
caer(se) to fall, to fall over / down
caliente warm, hot
la *catedral* cathedral
celebrar(se) to celebrate, to hold (event)
cenar to dine, have the evening meal
conducir to drive
la *cosa* thing
la *costumbre* custom
el *edificio* building
el *extranjero* abroad
las *gafas de sol* sunglasses
hermoso beautiful
ir al extranjero to go abroad
llover to rain
mandar to send
mejorar to improve
el *mensaje* message
mezquita mosque
montar a caballo to ride a horse, go horse riding
el *mundo* world
el *museo* museum
la *nacionalidad* nationality
los/as *niños/as* children
el *noroeste* north-west
el *norte* north
la *oportunidad* opportunity
el *país* country
la *parte* part
pasarlo bien to have a good time
pintar to paint
pobre poor

practicar to practise
¿qué tal…? how is…?
quedar(se) to stay, remain
quemar, quemarse to burn, get sunburnt
el *reloj* watch, clock
la *Semana Santa* Easter Week, Holy Week
la *sinagoga* synagogue
los *tíos* uncle(s) and aunt(s)
la *tradición* tradition
valer la pena to be worth it
la *zona* area

8.1G Las redes sociales

el *acoso* bullying
adicto/a addict, addicted
afortunadamente fortunately
alguien someone
alguno/a some
la *app* app
aproximadamente approximately
cambiar to change
el *comentario* comment
cómo how
compartir to share
comunicar to communicate
conectar to connect
la *confianza* confidence
cruel cruel
destruir to destroy
diario/a daily
educativo/a educational
la *estrella* star
falso/a false
gratis free (of charge)
intercambiar to exchange
el *juego* game
la *lista* list
lo bueno the good thing
el *mensaje* message
el *número* number
olvidar to forget
la *página* page
los *parientes* relatives
poco a poco bit by bit
por ciento per cent
propio/a own
quince fifteen

la *red* net, network
la *red social* social network
robar to steal
el/la *seguidor(a)* follower
segundo/a second
similar similar
tantos/as … como as / so many … as
la *tarea* task, piece of homework
el *uso* use
el/la *usuario/a* user
útil useful
varios/as several
la *ventaja* advantage
el *vídeo* video
la *videollamada* video call

8.1F Los cambios en la tecnología

avanzado/a advanced
básico/a basic
el/la *compañero/a* classmate, partner
la *conversación* conversation
digital digital
discutir to discuss, argue
diseñar to design
enviar to send
la *información* information
el/la *ingeniero/a* engineer
inteligente intelligent, smart
inventar to invent
el *juego* game
el *kilo* kilo
ligero/a light (in weight)
la *llamada* call
la *llegada* arrival
el *minuto* minute
el *momento* moment
navegar to surf, navigate (i.e. the Internet)
original original
permitir to allow, permit
pesado/a heavy
pesar to weigh
el *portátil* laptop
público/a (adj.) public
realista realistic
recargar to charge, recharge
responder to reply

Theme 3 — Foundation Vocabulary

    sencillo/a simple
la serie series
    táctil touch (ie. touch screen)
el teléfono telephone
la televisión television
el tenis tennis
la transmisión broadcast
    treinta thirty
    último/a last, latest
el videojuego video game

8.2G La tecnología en casa

    antes de before
el aparato gadget
    arreglar to sort, arrange, fix
la aspiradora vacuum cleaner
    automático/a automatic
    bajar to download
    ciento hundred
    conmigo with me
el correo electrónico email
    demasiado too, too much
el diseño design
    encender to light, turn on
    feo/a ugly
    funcionar to work, function
    hacer fotos to take photos
    horrible horrible
    instalar to install
el libro electrónico e-book
    llevar to take, carry, wear
la luz light
    mantenerse en contacto to keep in touch
    mayor older, bigger
la pantalla screen
    pesar to weigh
el portátil laptop
    que viene next
    romper to break
    roto/a broken
la seguridad security, safety
la tableta tablet

8.2F ¿Cómo usas tu móvil?

    alguno/a some
la app app
los auriculares headphones

la calculadora calculator
el/la cantante singer
    como as, like
las compras shopping
la cosa thing
    despertar to wake up
el diccionario dictionary
    educativo/a educational
el ejemplo example
    electrónico/a electronic
el familiar family member
la función function
    gratis free
el lector electrónico e-book
    lejos far
la lista list
    mantenerse to keep (oneself)
    medio/a average
    molestar to bother, annoy
el nombre name
el número number
    oír to hear
    profundamente deeply
    prohibido/a forbidden, banned
    quién who
    quitar to remove
el ruido noise
    saber to know
la tecnología technology
    todas partes everywhere
el tráfico traffic

9.1G Mi casa

las afueras outskirts
el armario cupboard, wardrobe
la cama bed
    ¿cómo es …? what is … like?
el dormitorio bedroom
    enorme enormous
    entrar to enter, go in
el espacio space
los estantes shelves
el estilo style
    guardar to keep
la lámpara lamp
la mesa table, desk
    odiar to hate
la pared wall

    pintar to paint
el piso flat, apartment
la puerta door
    relajante relaxing
el salón living room, lounge
    sentarse to sit (down)
la silla chair
el sofá sofa, settee, couch
el techo ceiling
    tranquilo/a quiet, peaceful
la ventana window
la vista view

9.1F Mi pueblo y mi ciudad
    agosto August

    al lado de next to, at the side of
el árbol tree
    así like this, like that
el baño bathroom
el bosque wood, forest
el campo field, country(side)
el castillo castle
el centro comercial shopping centre
el cielo sky
el clima climate
    delante de in front of
    detrás de behind
    encima de on top of
la estación station
el este east
la fábrica factory
    faltar to be lacking, to be short of
el grado degree (ie. temperature)
el hospital hospital
    imposible impossible
    lejos de far from
    llegar a to arrive, get to
    mal bad, badly
la mezquita mosque
la nieve snow
el parque de atracciones/temático theme park
la plaza de toros bullring
la plaza mayor main square
el puente bridge
el puerto port, harbour
los servicios toilets

Theme 3

9.2G El medio ambiente en mi región

agradable pleasant
ahora now
ahorrar to save
el *aire* air
apagar to put out, turn off
el *árbol* tree
la *basura* rubbish, litter
el *bosque* wood, forest
el *campo* country, countryside
el *centro deportivo* sports centre
construir to build
contaminado/a polluted
correr to run
el *daño* harm, damage
dar un paseo to go for a walk, stroll
el *delito* crime, offence
destruir to destroy
eléctrico/a electric
escoger to choose
el *final* end
el *fuego* fire
gritar to shout
había there was, there were
el *incendio* (wild)fire
industrial industrial
limpio/a clean
lleno/a full
mejorar to improve
el *mes* month
el *pájaro* bird
el *parque infantil* children's park
pasear to walk, stroll
provocar to cause
el *proyecto* project
respirar to breathe
el *río* river
sucio/a dirty
el *transporte* transport
el *verano* summer
la *vida* life
el *vino* wine

9.2F ¿Qué puedo hacer para proteger el medio ambiente?

el *anuncio* advert
la *basura* rubbish, litter
la *botella* bottle
la *calefacción* heating
el *colegio* school
el *contenedor* container, bin
el *cuidado* care
dejar to leave, let, allow
el *entorno* surroundings
evitar to avoid
ir a pie to go on foot, walk
nadie no one
organizar to organise
el *otoño* autumn
el *plan* plan
plantar to plant
el *plástico* plastic
preocuparse por to worry about
la *primavera* spring
reciclar to recycle
recoger to collect, pick up
regar to water, irrigate
separar to separate
la *Tierra* Earth
tirar to throw

ciento cuarenta y tres 143

Theme 3 — Test and revise: Foundation Listening

1 How do these people prefer to travel? Write the correct letter for each person.

A	bike
B	boat
C	bus
D	car
E	plane
F	train
G	walk

a Person 1 — 1 mark
b Person 2 — 1 mark
c Person 3 — 1 mark
d Person 4 — 1 mark

Consejo

In activity 1, each person mentions more than one type of transport. Listen carefully to work out which form is rejected, and which one is preferred.

2 These young people are phoning in to a radio chat show about social networks.

Write **P** for a **positive** opinion
     N for a **negative** opinion
     P+N for a **positive** and **negative** opinion.

a Speaker 1 — 1 mark
b Speaker 2 — 1 mark
c Speaker 3 — 1 mark
d Speaker 4 — 1 mark

3 These people are talking about their weekend. Where did each one go? Write the correct letter.

a A beach
   B town centre
   C port — 1 mark
b A cinema
   B park
   C swimming pool — 1 mark
c A bank
   B shopping centre
   C supermarket — 1 mark
d A castle
   B cathedral
   C stadium — 1 mark

4 Your friend Sara video calls you while on holiday. When does she do these activities?

Write **P** for something that happened **in the past**
     N for something that is happening **now**
     F for something that will happen **in the future**.

a Souvenir shopping — 1 mark
b Museum visit — 1 mark
c Firework display — 1 mark
d Sunbathing — 1 mark

ciento cuarenta y cuatro

5 These residents are attending an online meeting. What aspect of the town are they concerned about? Complete the sentences in English.

a Rodrigo wants to improve…   **1 mark**

b Laura wants the council to change its mind about…   **1 mark**

c Felipe wants the council to build…   **1 mark**

d Emma wants to know why the council has not…   **1 mark**

Consejo

When you have to write answers like in activity 5, the pauses in the recording are longer to give you time to write. The beginnings of each sentence will cue you in, so listen out for the words that will be the start of the answer you need.

6 This couple is talking to friends about what they liked and disliked about the hotel they stayed in when on holiday. Write down the correct letter for each aspect.

A	cleanliness
B	entertainment
C	food
D	location
E	room
F	staff

a María: Liked   Disliked   **2 marks**
b Fernando: Liked   Disliked   **2 marks**

Dictation A

You will now hear four short sentences.
- Listen carefully and using your knowledge of Spanish sounds, write down in **Spanish** exactly what you hear for each sentence.
- You will hear each sentence **three** times: the first time as a full sentence, the second time in short sections and the third time again as a full sentence.
- Use your knowledge of Spanish sounds and grammar to make sure that what you have written makes sense. Check carefully that your spelling is accurate.

8 marks

Consejo

Remember important spelling rules. All words that end in *-ión* have an accent on the *-ó*. If you hear the sound 'kw', it is written *cu* and not *qu*.

Dictation B

You will now hear four short sentences.
- Listen carefully and using your knowledge of Spanish sounds, write down in **Spanish** exactly what you hear for each sentence.
- You will hear each sentence **three** times: the first time as a full sentence, the second time in short sections and the third time again as a full sentence.
- Use your knowledge of Spanish sounds and grammar to make sure that what you have written makes sense. Check carefully that your spelling is accurate.

8 marks

Theme 3 — Test and revise: Foundation Speaking

Role Play

You are talking to your Spanish friend.

Your teacher (or partner) will play the part of your friend and will speak first.

You should address your friend as *tú*.

When you see this – **?** – you will have to ask a question.

In order to score full marks, you must include a verb in your response to each task.

> 1 Say what your house is like. (Give **one** detail.)
> 2 Describe your favourite room. (Give **one** detail.)
> 3 Say what you want to change about your house.
> **?** 4 Ask your friend a question about their town.
> 5 Say what your ideal house is like. (Give **one** detail.)

Consejo

Sometimes you may have to bend the truth a little if you can't quite express what you want to in Spanish. Stick to the vocabulary you know. For example, you might want to have your own room and not to have to share, but if you have just forgotten the verb 'to share' (*compartir*), then don't try to make it up, simply talk about a different aspect for which you know the right words.

Reading aloud task

When your teacher (or partner) asks you, read aloud the following text in **Spanish**.

> La tecnología es muy importante en la sociedad.
>
> En general, usamos los móviles mucho para mandar mensajes y llamar a nuestros amigos.
>
> Cuando vas a las escuelas, hay ordenadores en las clases para los niños más pequeños.

You will then be asked four questions in **Spanish** that relate to the topic of **Media and technology**. Make sure you **answer all four questions as fully as you can**.

Consejo

Concentrate on your vowel sounds to produce a good Spanish accent. Remember that each vowel only has one sound; the 'o' sound especially should be short and open, and not like the 'oh' sound in English.

Theme 3

Photo card

- During your preparation time, look at the two photos. You may make as many notes as you wish on an Additional Answer Sheet and use these notes during the test.
- Your teacher (or partner) will ask you to talk about the content of these photos. The recommended time is approximately **one and a half minutes. You must say at least one thing about each photo.**
- After you have spoken about the content of the photos, your teacher (or partner) will then ask you questions related to **any** of the topics within the theme of **Communication and the world around us.**

Consejo

The photo cards are all related to a specific topic and theme, but your comments can be about anything you see in the photos. You can describe, for example, the weather, what the people look like and the clothes they are wearing.

Photo 1

Photo 2

ciento cuarenta y siete 147

Theme 3 — Test and revise: Foundation Reading

1 You see these instructions at the recycling centre:

Papel	contenedor* azul
Plástico	contenedor marrón
Restos de comida	contenedor gris
Ropa vieja	contenedor rojo

*el contenedor – bin, container

In what colour bin should you put the following items? Answer in English.

a Food waste — 1 mark
b Paper — 1 mark
c Old clothes — 1 mark
d Plastic — 1 mark

2 These people have posted their reviews of a villa they rented.

> Esta casa tiene todo lo necesario para unas vacaciones ideales si tienes niños. La piscina es muy grande y hay juegos en la casa y en el jardín. La única desventaja es la situación: hay que usar el coche para ir a todas partes.
> **Juan**

> El dueño de la casa era muy simpático y nos dio unas ideas excelentes sobre los sitios que visitar. La casa estaba muy limpia y era cómoda. Mi marido y yo lo pasamos muy bien y esperamos volver el verano que viene.
> **Mónica**

> Nos gustó mucho esta casa tan bonita; además, había mucho espacio, lo que es importante para una familia grande como la mía. Lo único que diría es que se necesitan unas sillas y tumbonas en el jardín para sentarse y tomar el sol cerca de la piscina cuando los niños están nadando.
> **Leo**

Answer the following questions in English.
Write **J** for Juan
M for Mónica
L for Leo.

a Who did not stay in the villa with children? — 1 mark
b Who found fault with the location? — 1 mark
c Who thought the house had plenty of space? — 1 mark
d Who plans to return? — 1 mark
e Who thought more furniture was needed outside? — 1 mark
f Who describes the villa as perfect for a family holiday? — 1 mark
g Read Leo's comment again carefully. What do you think a *tumbona* is?
  A a barbecue
  B a shower
  C a sun lounger
  — 1 mark

Consejo

When you have questions like these, where you have to choose a letter, never leave it blank if you are not sure of the answer. Always make a sensible guess; there is a chance you may be right, but a blank is always wrong.

148 ciento cuarenta y ocho

Theme 3

3 These comments have been posted on a computer helpline.

a	¿Hay alguna manera de parar todos los anuncios que salen en la pantalla cuando estoy buscando información en Internet?
b	No funciona la cámara de mi portátil; por eso, cuando llamo a mis abuelos yo puedo verlos a ellos, pero ellos no me ven a mí.
c	No tengo confianza en las redes sociales; creo que son peligrosas y no son seguras. ¿Cómo puedo cerrar mis cuentas* en todas estas redes?
d	Me interesa la informática y quiero trabajar con ordenadores. ¿Me puedes recomendar una buena universidad con carreras prácticas?

la cuenta – account

What is each comment about? Write the correct letter.

a A annoying adverts
   B slow Internet connection
   C screen going dark   **1 mark**

b A how to make videocalls
   B camera not working
   C laptop crashing   **1 mark**

c A setting up your account
   B tightening privacy controls
   C removing network profiles   **1 mark**

d A vacancy for IT technician
   B information about training
   C buying a laptop for university   **1 mark**

4 Lorena has emailed her Mexican friend, Óscar, to give him some information before he visits. Where will Lorena take Óscar on each day? Answer the questions in English.

> Vas a llegar el jueves y el día después tengo clases, así que tendrás que ir al instituto conmigo. Ese día tengo dibujo, ciencias, comercio y francés. Será interesante para ti y mis amigos tienen muchas ganas de conocerte. Normalmente tengo una clase de baile los viernes, pero esta semana no, porque es el final del trimestre*.
>
> El sábado te voy a llevar a la plaza de toros. No hay corrida, pero el edificio es histórico y muy hermoso. Es muy popular entre los turistas. Sé que no te interesa el fútbol y por eso no he organizado una visita al famoso estadio. El domingo vendrás a la iglesia con mi familia. No vamos mucho, pero es Semana Santa y es bonito ir.
>
> Creo que el centro comercial es exactamente como los de tu país, aburrido. Sin embargo, tengo dos entradas para el parque temático la semana siguiente, ¡será estupendo!

el trimestre – term

a Friday   **1 mark**
b Saturday   **1 mark**
c Sunday   **1 mark**
d next week   **1 mark**
e Read the first paragraph again. What do you think *comercio* is?
   A A hobby
   B A school subject
   C An item of equipment   **1 mark**

Consejo

Look out for negatives such as *no, nunca, tampoco, nadie*. These words can help you rule out the wrong alternatives in the text.

5 Translate these sentences into English.

a El avión es mucho más rápido que el barco.
b Estaba tomando el sol cuando llegó mi amigo.
c Tienes que visitar la iglesia; es un edificio histórico.
d ¿Los billetes? Los tengo en mi maleta.
e He comprado un portátil nuevo.   **10 marks**

6 Translate these sentences into English.

a Dijo que subiría las fotos.
b Lo mejor de mi dormitorio es la vista.
c Hemos recogido toda la basura cerca del río.
d Me gustaría ir de vacaciones a las montañas.
e Apaga la luz por favor; tenemos que ahorrar energía.   **10 marks**

ciento cuarenta y nueve

Theme 3 — Test and revise: Foundation Writing

1. You send this photo to a friend in Venezuela. What is in the photo? Write five sentences in Spanish. **10 marks**

2. You are writing an email to your Spanish friend about your school summer holidays.
   Write approximately 50 words in Spanish.
   You must write something about each bullet point.

   Mention:
   - when the holidays are
   - what you normally do
   - what the weather is like
   - a place you visited last summer holiday
   - what you would like to do next summer. **10 marks**

   Consejo
   Avoid repeating yourself and use different vocabulary for the bullet points. The second and last bullet points here are all about holiday activities. Think of different activities you can talk about for each one.

3. Using your knowledge of grammar, complete the following sentences in Spanish. Choose the correct Spanish word from the given options.

   Example: Anoche, yo ___empecé___ a hacer los deberes a las siete.

   empiezo   empezaré   empecé

   a. Algún día en el futuro me ___ ir a Mallorca.
   gustan   gustaría   gusta   **1 mark**

   b. Siempre ___ que reciclar el papel.
   hay   debes   vamos   **1 mark**

   c. Perdí el móvil cuando estaba ___ al tenis.
   jugado   jugando   jugaba   **1 mark**

   d. Mis padres ___ reservado un hotel en la costa.
   quieren   hay   han   **1 mark**

   e. Mi tableta no funciona; ___ rompí ayer.
   la   me   ella   **1 mark**

4. Translate the following sentences into Spanish.
   a. The bus is cheaper, but I prefer to travel by train.
   b. I have been to Spain several times.
   c. I think that social networks can be very dangerous.
   d. The good thing about my town is that the people are nice.
   e. We have picked up the litter and I have turned off the lights. **10 marks**

   Consejo
   When translating, remember to look out for adjectives and make them agree with the noun they describe. There are five adjectives in sentences a–e above.

Theme 3

Either Question 5.1 *or* Question 5.2

5.1 You are writing to your Peruvian friend about your town and neighbourhood.
Write approximately 90 words in Spanish.
You must write something about each bullet point.

Mention:
- what you think of your town
- what you did in town last weekend
- what you would like to change about your area in the future.

15 marks

5.2 You are writing an article about technology.
Write approximately 90 words in Spanish.
You must write something about each bullet point.

Mention:
- what you think about social media
- what aspects of technology you used last week
- how you will use technology in the future to help your studies.

15 marks

All themes

Test and revise: Foundation Listening

1 A woman is reporting a robbery and describing two people she saw near the scene of the crime. What does she say about each one? Write the correct letter.

  a The man had…
    A red hair and a beard.
    B short, fair hair.
    C long, dark hair.   **1 mark**

  b The man wore…
    A a grey shirt.
    B a blue jacket.
    C a blue T-shirt.   **1 mark**

  c The woman was…
    A very tall.
    B very slim.
    C very small.   **1 mark**

  d The woman wore…
    A a brown skirt.
    B a green dress.
    C sunglasses.   **1 mark**

2 Miguel and Gabriela are in a restaurant, asking the waiter about the menu. Answer the questions in English.

  a What does Miguel order with his burger?   **1 mark**
  b What can't Gabriela eat?   **1 mark**
  c What does Miguel want to avoid in his dessert?   **1 mark**
  d Gabriela wants a dessert that is…   **1 mark**

Consejo ❗

All the questions and answers on the listening exam are in English (apart from the dictation, of course). Remember to write down your answers in English. You won't be credited with a mark if you answer in Spanish.

3 Laura and Daniel are discussing what jobs they would like to do in the future. Which job would each one like and which would they dislike? Write the correct letter.

A	accountant	D	office work
B	garden design	E	receptionist
C	interior decorator	F	travel guide

  a Laura would like…
    Laura would **not** like…   **2 marks**
  b Daniel would like…
    Daniel would **not** like…   **2 marks**

4 Toni is talking about the sports and activities he has done.

Write **P** for something that happened **in the past**
       N for something that is happening **now**
       F for something that will happen **in the future**.

  a Cycling   **1 mark**
  b Football   **1 mark**
  c Basketball   **1 mark**
  d Swimming   **1 mark**

5 These people are phoning to invite a relative to a family celebration. What is the reason for each celebration? Answer the questions in English.

  a Chloe   **1 mark**
  b Leo   **1 mark**
  c Ana   **1 mark**
  d Álvaro   **1 mark**

Consejo ❗

When answering in English, try not to leave out any details that may be important. For example, in activity 5, if you think there is a birthday being celebrated, does the recording tell you how old the person is? If so, give all the details.

All themes

6 Listen to these people talking about their journeys. How did each one travel?

A	bike
B	boat
C	bus
D	car
E	plane
F	train
G	underground
H	walk

a Person 1   1 mark
b Person 2   1 mark
c Person 3   1 mark
d Person 4   1 mark

Consejo

Always wait until the end of the utterance before you write your answer. If you start to write, you may miss something that will lead you to the correct answer. There are pauses in the recording to give you time to write.

Dictation A

You will now hear four short sentences.
- Listen carefully and using your knowledge of Spanish sounds, write down in **Spanish** exactly what you hear for each sentence.
- You will hear each sentence **three** times: the first time as a full sentence, the second time in short sections and the third time again as a full sentence.
- Use your knowledge of Spanish sounds and grammar to make sure that what you have written makes sense. Check carefully that your spelling is accurate.

8 marks

Dictation B

You will now hear four short sentences.
- Listen carefully and using your knowledge of Spanish sounds, write down in **Spanish** exactly what you hear for each sentence.
- You will hear each sentence **three** times: the first time as a full sentence, the second time in short sections and the third time again as a full sentence.
- Use your knowledge of Spanish sounds and grammar to make sure that what you have written makes sense. Check carefully that your spelling is accurate.

8 marks

ciento cincuenta y tres   153

All themes — Test and revise: Foundation Speaking

Role Play

You are talking to your Mexican friend.

Your teacher (or partner) will play the part of your friend and will speak first.

You should address your friend as *tú*.

When you see this – **?** – you will have to ask a question.

In order to score full marks, you must include a verb in your response to each task.

> 1. Say when your summer holidays are.
> 2. Describe an activity you like to do in summer. (Give **one** detail.)
> 3. Say where you like to visit in summer.
> **?** 4. Ask your friend a question about their holidays.
> 5. Say where you want to travel to in the future. (Give **one** detail.)

Consejo

Remember to use *me gusta* if what follows is singular or an infinitive. For example: *Me gusta España, Me gusta tomar el sol*. Use *me gustan* if what follows is plural: *Me gustan las vacaciones de verano*.

Reading aloud task

When your teacher (or partner) asks you, read aloud the following text in **Spanish**.

> Cuando era joven, seguía a varios famosos, especialmente cantantes y deportistas.
>
> Ahora, no tengo mucho interés en ellos y creo que las redes sociales son una cosa tonta.
>
> La gente famosa no es siempre feliz. Mi sueño es solo estar contento.

Consejo

There are two letters in Spanish that are pronounced like 'th' in 'thin' by Spaniards. The letter 'z' and the letter 'c' when followed by 'e' or 'i'. For example: neo**z**elandés, **z**inc, **ce**real, **ci**ne.

You will then be asked four questions in **Spanish** that relate to the topic of **Celebrity culture**. Make sure you **answer all four questions as fully as you can**.

All themes

Photo card

- During your preparation time, look at the two photos on the topic of **Media and technology.** You may make as many notes as you wish on an Additional Answer Sheet and use these notes during the test.
- Your teacher (or partner) will ask you to talk about the content of these photos. The recommended time is approximately **one minute. You must say at least one thing about each photo.**
- After you have spoken about the content of the photos, your teacher (or partner) will then ask you questions related to **any** of the topics within the theme of **Communication and the world around us.**

Photo 1

Photo 2

ciento cincuenta y cinco 155

All themes
Test and revise: Foundation Reading

1 You are with your Spanish exchange partner at their school. You read this notice about room changes. Answer the questions in English.

Clase	Lugar
Informática	B7
Dibujo	A3
Alemán	Biblioteca
Ciencias	Gimnasio

a Which lesson is now in room B7? **1 mark**
b Which lesson is now in room A3? **1 mark**
c Where is the German class? **1 mark**
d Where is the Science lesson? **1 mark**

2 A local Spanish magazine is advertising various events and activities. Answer the questions in English.

> Para ver o participar en el baile tradicional *La Sardana*, ven a la Plaza de la Catedral los domingos a las diez.

> ¿Quieres aprender a tocar el teclado? Yo te puedo enseñar. Ponte en contacto con Rodrigo Salinas. Tel: 92 57432

> Este viernes en el Teatro Machado, nuestros cantantes y guitarristas entretendrán al público con las canciones tristes del flamenco.

a How is *La Sardana* described? **1 mark**
b When should you go the Cathedral square if you want to see *La Sardana*? **1 mark**
c What is Rodrigo Salinas offering? **1 mark**
d Who will be performing flamenco? **1 mark**
e How is flamenco described? **1 mark**

3 Lucía writes to her exchange partner about her friends. Write the name of the correct friend.

> Te van a gustar mis amigas; las conocerás este fin de semana.
>
> Martina es la más lista y si tenemos problemas con los deberes, le pedimos ayuda a ella.
>
> Valeria es una chica muy graciosa; es una persona muy alegre y nos hace reír a todas.
>
> Carla es la más activa; juega en todos los equipos en el colegio. Siempre quiere organizar partidos y actividades.
>
> Olivia es la que tiene los vestidos más bonitos y siempre va a la moda. Se hace la ropa ella misma, con la máquina de coser que tiene en casa.
>
> Emma quiere ser cocinera y pasa su tiempo creando platos interesantes y diferentes. Muchas veces nos trae postres o tapas para probar.
>
> Hasta pronto
> Lucía

a Who makes their own clothes? **1 mark**
b Who is the sporty one? **1 mark**
c Who is the clever one? **1 mark**
d Who is the fashionable one? **1 mark**
e Who is the funny one? **1 mark**
f Read the description of Emma. What do you think *cocinera* is?
  A artist
  B chef
  C musician **1 mark**

Consejo

When you come across longer texts like this, don't be put off by them. A good way to tackle this activity is to start with the first question and then skim read the text to find any words that are related to clothes. Then read that section in detail and make sure it fits the question. Repeat for the other questions.

All themes

4 You read an interview with footballer Paula Gómez. Answer the questions.

¿Cuándo empezaste a jugar al fútbol?	Yo soy la única en mi familia que hace deporte. Descubrí el fútbol en el instituto; tenían una actitud muy positiva – las chicas jugaban al fútbol si querían y los chicos podían hacer baile.
¿Qué tal las relaciones entre las jugadoras en el equipo?	Son chicas estupendas y nos llevamos muy bien. Aprendemos mucho unas de otras y siempre hay una compañera a quien podemos hablar si tenemos dificultades.
¿Cuál ha sido el momento más grande de tu carrera deportiva?	Ser seleccionada para el equipo nacional.

a What does Paula say about her family? **1 mark**
  A They are not sporty types.
  B They encouraged her to achieve her dream.
  C She gets her talent from them.

b What does Paula say about her school? **1 mark**
  A She had to fight to be able to play football.
  B They supported equal opportunities.
  C Boys and girls did different activities.

c How does Paula feel about the players on her team? **1 mark**
  A Positive
  B Negative
  C Positive and negative

d What does Paula **not** say about her team mates? **1 mark**
  A They learn from one another.
  B They know they can talk to one another.
  C They have been through hard times together.

e What does Paula say was the biggest moment of her sporting career? **1 mark**

5 Translate these sentences into English.
  a Estoy haciendo mis deberes en la mesa de la cocina.
  b Anoche vi un programa sobre las dietas vegetarianas.
  c Muchos famosos no son buenos modelos para los jóvenes.
  d Al final de una entrevista es importante hacer preguntas.
  e Nadie quiso ir al concierto con mi padre; por eso, fui yo con él. **10 marks**

Consejo

Don't write down phrases that don't make sense in English. For example, the verb *hacer* usually means 'to do, to make', but that wouldn't make sense in sentence (5d). Use your understanding of the context and your knowledge of English to think of the correct phrase.

6 Translate these sentences into English.
  a El profesor de educación física es más estricto que la directora.
  b ¿Cómo está tu primo después del accidente?
  c Hay que hacer ejercicio para mantenerse en forma.
  d La semana que viene habrá un mercado en el puerto.
  e Mi móvil se rompió y tuve que comprar otro. **10 marks**

All themes — Test and revise: Foundation Writing

1 You send this photo to a friend in Argentina. What is in the photo? Write five sentences in Spanish. **10 marks**

2 Your Spanish friend is coming to visit and has emailed to ask about the area where you live. Write a reply to them.
Write approximately 50 words in Spanish.
You must write something about each bullet point.

Mention:
- what your house is like
- your favourite room
- your town / village
- places to visit in the area
- activities for young people. **10 marks**

Consejo

Notice that you need to write about 50 words for this task and that there are five bullet points. That means you only need about 10 words on each bullet point. Aim for quality – no need to write extra.

3 Using your knowledge of grammar, complete the following sentences in Spanish. Choose the correct Spanish word from the given options.

Example: Hay ___muchos___ turistas en Mallorca en agosto.

    mucho   muchos   muchas

a Estamos ___ la basura en el parque.
    recogido   recogiendo   recoger   **1 mark**

b Este verano voy ___ vacaciones con mis amigos.
    de   para   a   **1 mark**

c Martín celebra ___ cumpleaños hoy.
    tus   sus   su   **1 mark**

d Mi hermana ___ trece años.
    tiene   es   hay   **1 mark**

e No voy a tomar el sol; ___ demasiado calor.
    es   esta   hace   **1 mark**

Consejo

If you are not sure which of the three options is correct, try saying the phrases in your head using each of the words. One of them may sound better than the others and this may be the clue you need to make your choice.

4 Translate the following sentences into Spanish.
a I can start the job on Monday.
b I bought this mobile a week ago.
c Our house is on the outskirts of the city.
d We went to Valencia to see the festival.
e My friends are going to make the meal. **10 marks**

All themes

Either Question 5.1 *or* Question 5.2

5.1 You post your ideas on healthy living on a Spanish blog.
Write approximately 90 words in Spanish.
You must write something about each bullet point.

Mention:
- what you think of school meals
- the sport or exercise you did last week
- what meals you are going to have this weekend.

15 marks

5.2 Your Spanish friend Oliver is coming to stay and will spend a day with you in school. Write to tell him about it.
Write approximately 90 words in Spanish.
You must write something about each bullet point.

Mention:
- what you think about the school and its facilities
- a trip you went on with school
- what Oliver will do in school when he visits.

15 marks

Grammar

Contents

Glossary of terms

1 Nouns
- Masculine and feminine nouns
- Singular and plural forms

2 Articles
- Definite articles
- Indefinite articles

3 Adjectives
- Feminine and masculine, singular and plural adjectives
- The position of adjectives
- Comparatives
- Demonstrative adjectives
- Indefinite adjectives
- Possessive adjectives

4 Adverbs
- Adverbs of manner
- Adverbs of time
- Adverbs of frequency
- Adverbs of sequence
- Adverbs of place
- Quantifiers and intensifiers
- Interrogative adverbs

5 Pronouns
- Subject pronouns
- Direct object pronouns
- Indirect object pronouns
- Reflexive pronouns
- Interrogative pronouns
- Indefinite pronouns
- Relative pronouns
- Demonstrative pronouns

6 Verbs
- The infinitive

7 Verb tenses
- The present indicative
- Radical-changing verbs
- The gerund
- The present continuous
- The preterite
- The present perfect
- The imperfect
- The imperfect continuous
- Preterite or imperfect?
- The immediate future
- The future
- The conditional
- The imperative

8 Reflexive verbs

9 Modal verbs and expressions

10 Negatives

11 Questions (Interrogatives)

12 Impersonal verbs

13 Uses of *ser* and *estar*

14 Expressions with *tener*

15 Prepositions
- Verbs with prepositions
- Personal *a*
- *de, para, sin* + infinitive

16 Expressions of time
- *antes de* and *después de*
- *desde hace*

17 Conjunctions

18 Numbers, days, dates and time
- Ordinal numbers
- Days and dates
- Time

19 Verb tables

Grammar

Glossary of terms

Adjectives *los adjetivos*

Words that describe somebody or something:
- *pequeño* — small
- *tranquilo* — quiet, peaceful

Adverbs *los adverbios*

Words that complement (add meaning to) verbs, adjectives or other adverbs:
- *mal* — badly
- *lentamente* — slowly

Articles *los artículos*

Short words used to introduce nouns:
- *un/una* — a, an
- *unos/unas* — some, any
- *el/la/los/las* — the

The infinitive *el infinitivo*

The verb form given in the dictionary:
- *ir* — to go
- *tener* — to have

Nouns *los nombres*

Words that identify a person, a place or a thing:
- *madre* — mother
- *casa* — house

Prepositions *las preposiciones*

Words used in front of nouns to give information about when, how, where, etc.:
- *con* — with
- *en* — in
- *de* — of, from

Pronouns *los pronombres*

Words used to replace nouns. For example, subject pronouns:
- *yo* — I
- *él* — he
- *tú* — you
- *ella* — she

Verbs *los verbos*

Words used to express an action or a state:
- *trabajo* — I work
- *vive* — he lives

1 Nouns

Masculine and feminine nouns

All Spanish nouns are either masculine or feminine.

- In the singular, masculine nouns are introduced with *el* or *un*:
  - **el** padre — **the** father
  - **un** libro — **a** book

- Feminine singular nouns are introduced with *la* or *una*:
  - **la** madre — **the** mother
  - **una** mesa — **a** table

- Some nouns have two different forms, masculine and feminine:
  - **un amigo** — a male friend
  - **una amiga** — a female friend
  - **un profesor** — a male teacher
  - **una profesora** — a female teacher

- Some nouns stay the same for masculine and feminine.
  - **el artista** — the male artist
  - **la artista** — the female artist

- Some nouns which relate to jobs such as **el jefe** (the boss) usually stay the same in the feminine form, i.e. **la jefe**. However, the use of feminised forms of the noun, in this instance **la jefa**, have become increasingly widespread.

- Infinitives can be used as nouns:
  Leer es mi pasatiempo favorito.
  Reading is my favourite hobby.

- The process of turning a verb or adjective into a noun is called nominalisation. Masculine adjectives are used for languages:
  francés ➝ (el) francés (French)

- Adjectives of nationality follow the same pattern. The adjective must match the gender of the noun.
  la inglesa — the English person (female)
  los españoles — Spanish people

- Adding -ito or -ita to a noun changes the meaning of the noun to be 'little'.
  librito — a little book

ciento sesenta y uno **161**

Grammar

Singular and plural forms

As in English, Spanish nouns can either be singular (one) or plural (more than one).

- Nouns ending in a vowel add –s for the plural.
  un añ**o** ➡ dos añ**os**
  one year ➡ two years

- Nouns ending in a consonant add –es for the plural.
  un paí**s** ➡ dos paí**ses**
  one country ➡ two countries

- For nouns ending in –z, change the z to c and add –es:
  una lu**z** ➡ dos lu**ces**
  one light ➡ two lights

- If a noun ends in –ión, drop the accent and add –es:
  una situa**ción** ➡ dos situa**ciones**
  one situation ➡ two situations

2 Articles

Definite articles: *el, la los, las* (the)

- The word for 'the' depends on whether the noun it goes with is masculine, feminine, singular or plural.

masculine singular	feminine singular	masculine plural	feminine plural
el	la	los	las

el abuelo   the grandfather
la fruta   the fruit
los billetes   the tickets
las palabras   the words

- When the masculine singular definite article *el* follows the prepositions *de* (from, of) and *a* (at, to), the *e* is omitted to form **del** and **al**.
  ¿Cómo vas **al** instituto?   How do you get to school?
  cerca **del** mar   near the sea

Indefinite articles: *un, una, unos, unas* (a, an, some)

- The word for 'a / an' and 'some' also depends on whether the noun it goes with is masculine or feminine, singular or plural.

masculine singular	feminine singular	masculine plural	feminine plural
un	una	unos	unas

u**n** avió**n**   a plane
un**a** biciclet**a**   a bicycle
un**os** coche**s**   some cars

- When talking about jobs, *un* and *una* are not used in Spanish where 'a' or 'an' is used in English.
  Mi padre es electricista.   My father's an electrician.

- Spanish uses the definite article more than English, particularly for general statements, or where the noun relates to a concept:
  La educación es importante.   Education is important.

3 Adjectives

Feminine and masculine, singular and plural adjectives

In Spanish, adjectives have different endings depending on whether they describe masculine, feminine, singular or plural nouns:

- The masculine singular form usually ends in –o:
  El barco es blanco.   The boat is white.

- If the noun is feminine singular, the adjective will usually end in –a:
  Mi hermana es tranquila.   My sister is quiet.

- Add –s to the masculine adjective if the noun is masculine plural:
  Los barcos son blancos.   The boats are white.

- Add –s to the feminine adjective if the noun is feminine plural:
  Mis hermanas son tranquilas.   My sisters are quiet.

- When an adjective describes a group of both masculine and feminine nouns, it has to be in the masculine plural form:
  Mis padres son altos.   My parents are tall.

Grammar

- There are exceptions: adjectives that end in –e don't change in the feminine:
  un chico inteligent**e** — an intelligent boy
  una chica inteligent**e** — an intelligent girl

- to form the plural, simply add an –s:
  unos chicos inteligente**s** — some intelligent boys
  unas chicas inteligente**s** — some intelligent girls

- Adjectives that end in -ista don't change in the masculine:
  el chico optimist**a** — the optimistic boy
  la chica optimist**a** — the optimistic girl

- to form the plural, simply add an –s:
  unos chicos optimista**s** — some optimistic boys
  unas chicas optimista**s** — some optimistic girls

- Adjectives that end in a consonant (except *r*) do not change in the feminine:
  un avión **azul** — a blue plane
  una camisa **azul** — a blue shirt

- to form the plural, add -es:
  los aviones azul**es** — the blue planes
  las camisas azul**es** — the blue shirts

- If an adjective ends in -z, change to **z** to **c** before adding -**es** to form the plural:
  unos niños feli**ces** — some happy (little) boys
  unas niñas feli**ces** — some happy (little) girls

- Adjectives of nationality often end in –o and follow the same rules as other adjectives ending in –o:
  un chico mexican**o** — a Mexican boy
  una chica mexican**a** — a Mexican girl
  unos chicos mexican**os** — some Mexican boys
  unas chicas mexican**as** — some Mexican girls

- For adjectives of nationality that end in a consonant, add –a for the feminine singular form, –es for the masculine plural form and –as for the feminine plural form:
  un chico español — a Spanish boy
  una chica español**a** — a Spanish girl
  unos chicos español**es** — some Spanish boys
  unas chicas español**as** — some Spanish girls

- Attention! Some adjectives of nationality, such as *francés*, (French) behave like this:

masculine singular	feminine singular	masculine plural	feminine plural
franc**és**	franc**esa**	franc**eses**	franc**esas**

- Also note that adjectives of nationality do not begin with a capital letter.

- Spanish verbs 'to be', *ser* and *estar*, are used in different contexts. The usual rule is *ser* describes character, and *estar* an emotion.
  Soy artístico. — I am artistic.
  ¿Estás nervioso? — Are you nervous?

  Sometimes the meaning of the adjective changes depending on the use of *ser* or *estar*.

  Es listo. — He's clever.
  Está listo. — He's ready.

- Adding -ísimo or -ísima to an adjective means 'very' or 'extremely'. Sometimes to form the adjective you have to remove the -o / -a ending first.
  peligrosísimo — very dangerous
  facilísimo — very easy

The position of adjectives

- Most adjectives follow the noun they describe:
  una dieta **sana** — a **healthy** diet

- However, a few adjectives, such as *alguno, ninguno, primero, segundo, tercero, bueno* and *malo* come in front of the noun and lose their final –o when the following noun is masculine singular. Notice that an accent is sometimes needed to keep the stress on the correct syllable:
  ningún deporte — no sport
  ninguna idea — no idea

- The meaning of an adjective can change depending on whether it comes before or after a noun, for example, *único* which can mean 'only' or 'unique'.
  Llevo una falda única. — I'm wearing a unique skirt.
  Esa es mi única falda. — That's my only skirt.

ciento sesenta y tres **163**

Grammar

Comparatives

- To make comparisons, use:

  más … que   more … than, …er than

  *Mi casa es **más pequeña** que la tuya.*

  My house is **smaller than** yours.

  *La fruta es **más cara** en Inglaterra **que** en España.*

  Fruit is **more expensive** in England **than** in Spain.

  menos … que   less … than

  *Mi hermano es **menos alto que** mi padre.*

  My brother is **less tall than** my father.

  tan + … + como   as … as

  *Los tomates son **tan sanos como** las naranjas.*

  Tomatoes are **as healthy as** oranges.

- For 'better than', use *mejor que*:

  ***Es mejor** estudiar **que** trabajar.*

  Studying **is better than** working.

- For 'worse than', use *peor que*:

  *Te pagan **peor que** en la ciudad.*

  They pay **worse than** in the city.

Demonstrative adjectives: *este, esta, estos, estas; ese, esa, esos, esas* (this, that, these, those)

- There are two groups of demonstrative adjectives you should be familiar with: one group for 'this' and 'these' (*este, esta, estos, estas*) and one for 'that' and 'those' (*ese, esa, esos, esas*).

this		these	
este	esta	estos	estas
that		**those**	
ese	esa	esos	esas

    ***este** cine*   **this** cinema

    ***esa** estrella*   **that** star

Indefinite adjectives: *cada, otro, todo, mismo, alguno, ninguno, algún, ningún*

- Although *cada* is an adjective, it never changes:

  cada sección   **each** section

  cada resultado   **each** result

- *otro, todo* and *mismo* must agree with the noun they describe:

  ***otra** ciudad*   **another** city

  *la **misma** idea*   the **same** idea

  ***todo** el mundo*   **all** the world (= everyone)

  ***todas** las chicas*   **all** the girls

  *los **mismos** libros*   the **same** books

- *alguno* means 'some' and *ninguno* means 'no, none'. They must agree with the noun they describe.

  ***algunas** chicas*   **some** girls

  ***ningunos** estudiantes*   **no** students

They drop the *–o* ending and gain an accent when they are placed before a masculine singular noun:

    ***algún** pan*   **some** bread

    ***ningún** juego*   **no** game

Possessive adjectives

Possessive adjectives are used to demonstrate relations and that something belongs to someone:

mi / mis   my

tu / tus   your

su / sus   his / her / its

- A possessive adjective must agree with the noun that follows it:

  ***mi** padre*   **my** father

  ***mi** madre*   **my** mother

  ***mis** padres*   **my** parents

  ***tu** padre*   **your** father

  ***tu** madre*   **your** mother

  ***tus** padres*   **your** parents

  ***su** pie*   **his / her / its** foot

  ***su** puerta*   **his / her / its** door

  ***sus** ventanas*   **his / her / its** windows

- When the relation or possession is plural the adjectives are:

  nuestro   our

  vuestro   your

  su / sus*   their*

Grammar

They also must agree with the noun that follows them:

nuestro padre	**our** father
nuestra madre	**our** mother
nuestros padres	**our** parents
vuestro padre	**your** father
vuestra madre	**your** mother
vuestros amigos	**your** friends
su hermano*	**their** brother*
su hermana*	**their** sister*
sus profesores*	**their** teachers*

- Spanish doesn't have three different words for 'his', 'her' and 'its'. With a Spanish possessive adjective, what counts is whether the noun it describes is masculine, feminine, singular or plural. Like other adjectives, they agree with their noun.

4 Adverbs

Adverbs are used with a verb, an adjective or another adverb to express how, when, where, or to what extent something happens.

Adverbs of manner

These adverbs describe how something happens. They are used placed directly after the verb.

- Many Spanish adverbs are formed by adding –*mente* (the equivalent of '–ly' in English) to the feminine form of the adjective:

masculine adjective	feminine adjective	adverb
rápido	rápida	rápidamente - quickly
tranquilo	tranquila	tranquilamente - slowly

- Some common adverbs are completely irregular:

bien	well
Habla **bien**.	He / She speaks **well**.
mal	badly
Come **mal**.	He / She eats **badly**.

Adverbs of time

hoy	today
mañana	tomorrow
ayer	yesterday
pasado mañana	the day after tomorrow
ahora	now
ya	already

- Adverbs of time are usually placed at the beginning or end of a sentence:
  Ayer yo fui al cine.   **Yesterday** I went to the cinema.
  ¿Quieres ir conmigo **mañana**?
  Do you want to go with me **tomorrow**?

Adverbs of frequency

a veces	sometimes
frecuentemente / a menudo	often
siempre	always
raramente	rarely, not very often

Adverbs of sequence

antes	before
después	then, afterwards
luego	next
por último	finally

Adverbs of place

Adverbs of place are positioned before the verb they are describing.

dentro de	inside
fuera de	outside
aquí	here
allí	(over) there
lejos	far

Quantifiers and intensifiers

- This group of adverbs (qualifying words) enables you to indicate intensity and quantity when you use an adjective or adverb:

bastante	enough / quite
demasiado	too (much)
mucho	a lot
un poco	a little
muy	very

La gramática es un poco complicada, pero es **bastante** interesante.
Grammar is a bit complicated, but it's **quite** interesting.

Words and verbs that are marked with * may be useful, but you won't need to know them for the exam.

ciento sesenta y cinco **165**

Grammar

Interrogative adverbs

- Note that these words all have an accent when they are used as an interrogative.

  ¿cómo?   how?
  ¿cuándo?   when?
  ¿dónde?   where?
  ¿por qué?   why?

5 Pronouns

Subject pronouns: yo, tú, él, ella, usted, nosotros, nosotras, vosotros, vosotras, ellos, ellas, ustedes (I, you, he, she, it, we, they)

In Spanish, subject pronouns are usually only used with the verb to emphasise who or what performs the action.

yo – I
tú – you
él – he / it
ella – she / it
usted – you (formal)
nosotros – we (m)   nosotras – we (f)
vosotros – you (m) vosotras – you (f)
ellos – they (m)
ellas – they (f)
ustedes – you (formal plural)

Ella es estudiante, pero **él** ha acabado de estudiar.
She is a student, but **he** has finished studying.

- In Spanish there are two ways to translate 'you': *tú* (plural: *vosotros*) and *usted* (plural: *ustedes*).

Use *tú* when talking to someone (one person) of your own age or to someone in your family.

Use *vosotros* when talking to more than one person of your own age or to your relatives.

Use *usted* when talking to an adult not in your family (e.g. your teacher).

Use *ustedes* when talking to more than one adult not in your family.

Direct object pronouns: me, te, lo / la, los / las

Direct object pronouns replace a noun that is not the subject of the verb.

singular	plural
me – me	nos – us*
te – you	os – you*
lo – him / it (masculine)	los – them (masculine)
la – her / it (feminine)	las – them (feminine)

- These pronouns come in front of the verb, unlike in English:
  Los compré en Barcelona.   I bought **them** in Barcelona.

- If there are two verbs in a construction, the direct object pronoun can go before the first verb or it can attach to the second verb.
  Lo puedes comprar en Barcelona.
  You can buy **it** in Barcelona.
  Puedes comprar**lo** en Barcelona
  You can buy **it** in Barcelona.

- A positive imperative form of the verb attaches the direct object pronoun to the end of it, usually with an accent placed on the first vowel:
  ¡Cómpra**los**!   Buy **them**!

Indirect object pronouns: me, te, le, les

Indirect object pronouns are used to replace a noun which is not the direct object of the verb.

singular	plural
me – (to) me	nos – (to) us*
te – (to) you	os – (to) you*
le – (to) him / her / it	les – (to) them

Les dio mil euros. **Le** escribieron para dar**le** las gracias.
He gave **them** a thousand euros. They wrote **to him** to thank **him**.

- If there are two verbs in a construction, the indirect object pronoun can go before the first verb, or it can attach to the second verb.
  Quiero dar**les** mil euros.
  I want to give **them** a thousand euros.
  Le puedo ayudar.   I can help **him**.

- A positive imperative form of the verb attaches the direct object pronoun to the end of it, usually with an accent placed on the first vowel:
  Si no puedes hacerlo, **dámelo**.
  If you can't do it, **give it** to me.

- Note that when two pronouns are used together in the same sentence, the indirect object pronoun always comes before the direct object pronoun.
  Tengo un móvil. Mis padres **me lo** regalaron por mi cumpleaños.
  I have a mobile. My parents gave **it to me** for my birthday.
  me – indirect object pronoun, *lo* – direct object pronoun

166 ciento sesenta y seis

Grammar

Reflexive pronouns: *me, te, se*

Reflexive pronouns are used in Spanish when the subject and object of the verb are the same. They come before the verb.

singular	plural
me – myself	nos – ourselves*
te – yourself (informal)	os – yourselves (informal)*
se – himself, herself, itself, yourself (formal)	se – themselves, yourselves (formal)*

Me lavo.   I am washing **myself**.

- If there are two verbs in a construction, the reflexive pronoun can go before the first verb or it can attach to the second verb.
  Se debe lavar → Debe lavar**se**.
  One should wash (themselves).

- A positive imperative form of the verb attaches the reflexive pronoun to the end of it, usually with an accent placed on the first vowel:
  ¡Láva**te**!   Wash **yourself**!

Interrogative pronouns: *cuánto, cuál, quién*

- As in English, interrogative pronouns usually come at the beginning of a sentence:
  ¿**Cuántas** personas viven en la casa?
  How many people live in the house?
  ¿**Cuál** de estas preguntas es más difícil?
  Which one of these questions is harder?
  ¿**Cuáles** prefieres?   **Which ones** do you prefer?
  ¿**Quién** habla?   **Who** is speaking?
  ¿**Quiénes** son?   **Who** are they?

- However, if a preposition is used with the interrogative, it is the preposition which comes first:
  ¿Con **quién** vas a la fiesta?
  Who are you going to the party with?

Indefinite pronouns: *algo, alguien*

- The Spanish for 'something' is *algo*:
  ¿Quieres **algo** de comer?
  Do you want **something** to eat?

- The Spanish for 'someone' is *alguien*:
  Busco a **alguien**.   I'm looking for **someone**.

Relative pronouns: *que*

Relative pronouns are used to link phrases together.

- *que* is used as the subject of the relative clause. It can refer to people and things, and means 'who', 'that' or 'which':
  el amigo **que** vive en Barcelona
  the friend **who** lives in Barcelona

- Remember that *que* is not optional. Although it is often not translated in English, you cannot leave it out in Spanish.
  La película **que** estaba viendo era muy divertida.
  The film (**that**) I was watching was very funny.

Demonstrative pronouns: *esto, eso*

There are also two neutral demonstrative pronouns you should know: *esto* and *eso*. These do not agree in number or gender with a noun because they represent an idea rather than a person or a thing:
Eso es cierto. **That**'s true.
Martina es demasiado habladora. No me gusta **eso**.
Martina is too talkative. I don't like **that**.

ciento sesenta y siete **167**

Grammar

6 Verbs

- Spanish verbs have different endings depending on who is doing the action and whether the action takes place in the past, the present or the future. The verb tables at the end of the grammar section set out the patterns of endings for some useful verbs.
- When using a name or a singular noun instead of a pronoun, use the same form of the verb as for *él / ella*:
*Jamie **habla** español.* Jamie **speaks** Spanish.
- When using two names or a plural noun, use the same form of the verb as for *ellos / ellas*:
*Laura y Javier **viven** en Sevilla.*
Laura and Javier **live** in Seville.
- When referring to yourself and someone else, use the same form of the verb as for *nosotros*:
*Laura y yo **vamos** a Madrid.*
Laura and I **are going** to Madrid.

The infinitive

The infinitive is the form of the verb you find in a dictionary, e.g. *hablar, comer, vivir*. It never changes.

- When two verbs follow each other, the second one is always in the infinitive.
*Me gusta **dormir** bien.* I like **to sleep** well.
*Prefiero **salir** con mis amigos.*
I prefer **to go out** with my friends.

- *ir a* + infinitive is a useful expression meaning 'to be going to do something' in the immediate future. The verb *ir* is conjugated, but the second verb will remain in the infinitive. The preposition *a* is always used:
*Voy a **visitar** España.* I **am going to visit** Spain.

- *llegar a* + infinitive means 'to manage to' or 'to succeed in'.
*Llegaré a **ver** el efecto.* I **will get to see** the effect.

- *acabar de* + infinitive means 'to have just done something very recently'. Note that the preposition *de* is needed in this expression.
*Acabas de **invitar** a muchos amigos.*
You have just invited many friends.

7 Verb tenses

The present indicative

- Use the present tense to describe:
something that is taking place now:
Como una manzana. **I am eating** an apple.
something that happens regularly:
Voy al cine muy a menudo. **I often go** to the cinema.

- Verb endings change depending on who is doing the action:
*Mi amigo **habla** español.* My friend **speaks** Spanish.
***Hablamos** inglés.* We **speak** English.

- Most verbs follow a regular pattern, as in the table below. See the verb tables on pages 178–181 for irregular verb forms.

	–ar verbs	–er verbs	–ir verbs
	hablar – to speak	comer – to eat	vivir – to live
(yo)	hablo	como	vivo
(tú)	hablas	comes	vives
(él / ella)	habla	come	vive
(nosotros)	hablamos	comemos	vivimos
(vosotros)	habláis	coméis	vivís
(ellos / ellas)	hablan	comen	viven

Other –**ar** verbs:
ayudar — to help
ganar — to win
invitar — to invite
tocar — to play

Other –**er** verbs:
deber — to owe
proteger — to protect

Other –**ir** verbs:
producir — to produce
salir — to go out

168 ciento sesenta y ocho

A few common verbs have an irregular first person in the present tense:

dar	→ doy	ser	→ soy
decir	→ digo	tener	→ tengo
estar	→ estoy	venir	→ vengo
hacer	→ hago	conocer	→ conozco
poner	→ pongo	parecer	→ parezco
saber	→ sé	coger	→ cojo
salir	→ salgo	proteger	→ protejo
producir	→ produzco		

Radical-changing verbs

- The biggest group of Spanish irregular verbs is called radical-changing, or stem-changing verbs.
The first part of the verb changes when stressed:

In one type, *u* changes to *ue*

jugar – to play

j**ue**go	jugamos
j**ue**gas	jugáis
j**ue**ga	j**ue**gan

In another type, *o* changes to *ue*
   poder – to be able to

p**ue**do	podemos
p**ue**des	podéis
p**ue**de	p**ue**den

In another type, *e* changes to *ie*
   preferir – to prefer

pref**ie**ro	preferimos
pref**ie**res	preferís
pref**ie**re	pref**ie**ren

The changes do not happen in the *nosotros* and *vosotros* parts of the verb, because the stress is not on the stem.

The gerund

- The gerund (or present participle) is formed by replacing the infinitive verb ending *–ar* with *–ando*, and the *–er* and *–ir* verb endings with *–iendo*:
hablar → *hablando*
Estoy hablando.   I am **talking**.
comer → *comiendo*
¿Qué estás comiendo?   What are you **eating**?
salir → *saliendo*
Ana está saliendo.   Ana is **going** out.

Some irregular gerunds are:

dormir → *durmiendo*	*preferir* → *prefiriendo*
leer → *leyendo*	*sentir* → *sintiendo*
oír → *oyendo*	*vestir* → *vistiendo*

Note that where in English we often use the gerund of a verb in sentences like:

I love **swimming**. My brother prefers **going** on bike rides.
Spanish uses the infinitive.
*Me gusta **nadar**. Mi hermano prefiere **dar** paseos en bici.*

The present continuous

The present continuous tense is the Spanish equivalent of the English form 'I am …ing, you are …ing' etc. It indicates something that is happening at the time of speaking. It is formed by adding the gerund to the present tense of *estar*:

*¿Qué **estás leyendo**?*   What **are you reading**?
Estoy leyendo un libro estupendo.
I'm reading a fantastic book.

Grammar

The preterite
- Use the preterite tense to talk about a single, completed event in the past.
  *Por la tarde **recibí** un mensaje de mi amiga.*
  In the afternoon **I got** a message from my friend.
    Regular verbs:

To form the preterite tense, remove the infinitive endings, –ar, –er or –ir to leave the stem, then add the following endings:

	–ar verbs	–er verbs	–ir verbs
	hablar – to speak	comer – to eat	vivir – to live
(yo)	habl**é**	com**í**	viv**í**
(tú)	habl**aste**	com**iste**	viv**iste**
(él / ella)	habl**ó**	com**ió**	viv**ió**
(nosotros)	habl**amos**	com**imos**	viv**imos**
(vosotros)	habl**asteis**	com**isteis**	viv**isteis**
(ellos / ellas)	habl**aron**	com**ieron**	viv**ieron**

Note that the endings for –er and –ir verbs are the same.
- Some regular verbs have spelling changes in the first person in the preterite tense. These changes are there in order to keep the consonant sounds the same:
  empezar ⟶ emp**ec**é   to begin ⟶ I began
  jugar ⟶ ju**gu**é   to play ⟶ I played
  sacar ⟶ sa**qu**é   to take ⟶ I took out
  tocar ⟶ to**qu**é   to play (instrument) ⟶ I played
- Irregular verbs:

Some common Spanish verbs are irregular in the preterite tense: *ser* and *estar*, *hacer*, *ir*, *poner*, *tener* and *ver*. The verb tables on pages 178–181 set out the patterns for these. The verbs *ser* (to be) and *ir* (to go) are the same in the preterite and you have to use the context to work out which verb is being used:

fui	I was / went
fuiste	you were / went
fue	he / she / it, you was / were / went
fuimos	we were / went
fuisteis	you were / went
fueron	they, you were / went

*Por la mañana **fuimos** al partido.*
We went to the match in the morning.
*El ambiente en el estadio **fue** fantástico.*
The atmosphere in the stadium **was** fantastic.

The present perfect
- Use the present perfect tense to say what you have done recently:
  He comprado un móvil. **I've bought** a mobile phone.
- The perfect tense is formed with the present tense of *haber* (to have) plus the past participle:
  haber – to have
  he   hemos
  has   habéis
  ha   han

To form the past participle add –*ado* to the stem of –*ar* verbs and –*ido* to the stem of –*er* and –*ir* verbs.
  hablar ⟶ habl**ado**   to live ⟶ lived
  comer ⟶ com**ido**   to speak ⟶ spoken
  vivir ⟶ viv**ido**   to eat ⟶ eaten
  *Este marzo **he ido** a Valencia a ver la fiesta.*
  This March **I went** to Valencia to see the fiesta.
    Some Spanish verbs have irregular past participles. Here are some common ones:
  decir ⟶ dicho   to say ⟶ said
  hacer ⟶ hecho   to make ⟶ made
  volver ⟶ vuelto   to come back ⟶ came back
  poner ⟶ puesto   to put ⟶ put
  ver ⟶ visto   to see ⟶ saw / seen
  *Ya **hemos visto** esta película.*
  We have already **seen** this film.

The imperfect
- Use the imperfect tense to say what was happening at a certain time in the past:
  ***Trabajaba** entonces en Madrid.*
  At that time **I was working** in Madrid.
- To describe something that used to happen regularly in the past:
  ***Iba** al cine todos los sábados.*
  I used to go to the cinema every Saturday.

170   ciento setenta

Grammar

- To form the imperfect tense of regular verbs, add the following endings to the stem of the verb:

	–ar verbs	–er verbs	–ir verbs
	hablar – to speak	comer – to eat	vivir – to live
(yo)	hablaba	comía	vivía
(tú)	hablabas	comías	vivías
(él / ella)	hablaba	comía	vivía
(nosotros)	hablábamos*	comíamos*	vivíamos*
(vosotros)	hablabais*	comíais*	vivíais*
(ellos / ellas)	hablaban*	comían*	vivían*

En los cumpleaños siempre preparabas una cena especial.

- **You always used to prepare** a special meal for birthdays.
- Three common Spanish verbs are irregular in the imperfect tense: *ser*, *ir* and *ver*:

	ser – to be	ir – to go	ver – to see
(yo)	era	iba	veía
(tú)	eras	ibas	veías
(él / ella)	era	iba	veía
(nosotros)	éramos*	íbamos*	veíamos*
(vosotros)	erais*	ibais*	veíais*
(ellos / ellas)	eran*	iban*	veían*

Después de la cena ibas a la iglesia a celebrar la Misa de Gallo a medianoche.

After the meal **you used to go** to church to celebrate Midnight Mass.

The imperfect continuous

The imperfect continuous tense is used to describe an ongoing action more vividly. It is formed using the imperfect of *estar* and the gerund:

Estaba comiendo cuando llegó mi hermano.

I was eating when my brother arrived.

Preterite or imperfect?

To help you decide between the preterite and the imperfect:

Remember that the following time expressions describe a single, completed action and should be used with the preterite:

ayer	yesterday
el otro día	the other day
la semana pasada	last week
hace tres años	three years ago

These time expressions indicate a repeated action and are used with the imperfect:

siempre	always
frecuentemente	frequently
a veces	sometimes
todos los días	every day

The immediate future

- Use the present tense of *ir* + *a* followed by an infinitive to say what you are going to do or what is going to happen:

Voy a continuar trabajando hasta los 65 años.

I'm going to carry on working until the age of 65.

- To talk about possibility in the immediate future, use *si*.

Si sigues estos consejos, vas a salvar a uno o más árboles.

If you follow this advice, **you are going to save** one or more trees.

The future

- The future tense expresses what will happen or will be happening in the future:

En el futuro, las especies en peligro de extinción desaparecerán por completo.

In the future, endangered species **will disappear** completely.

- You can also use *si* to talk about possibility in the future.

Si sigues estos consejos, podrás ahorrar 57.000 litros de agua.

If you follow this advice, **you will save** 57,000 litres of water.

Verbs that are marked with * may be useful, but you won't need to know them for the exam.

ciento setenta y uno **171**

Grammar

- To form the future tense, add the correct ending to the infinitive of the verb:

	−ar verbs	−er verbs	−ir verbs
	hablar – to speak	comer – to eat	vivir – to live
(yo)	hablaré	comeré	viviré
(tú)	hablarás	comerás	vivirás
(él / ella)	hablará	comerá	vivirá
(nosotros)	hablaremos*	comeremos*	viviremos*
(vosotros)	hablaréis*	comeréis*	viviréis*
(ellos / ellas)	hablarán*	comerán*	vivirán*

- A few verbs have an irregular stem in the future (see the verb tables on pages 178–181), but all have the same future endings:

    hacer – to do   haré, harás, hará, haremos*, haréis*, harán*
    poder – to be able podré, etc.
    poner – to put   pondré, etc.
    tener – to have   tendré, tendrás, tendrá, tendremos*, tendréis*, tendrán*
    haber (hay) – there is / are habrá

The conditional

- You use the conditional in Spanish when 'would' is used in English:
  Me gustaría ir a Perú.   **I would like to go** to Peru.
  Sería una oportunidad fantástica.
  It would be a fantastic opportunity.

- The conditional has the same stem as the future tense and the same endings as the imperfect tense of −er and −ir verbs:

	−ar verbs	−er verbs	−ir verbs
	hablar – to speak	comer – to eat	vivir – to live
(yo)	hablaría	comería	viviría
(tú)	hablarías	comerías	vivirías
(él / ella)	hablaría	comería	viviría
(nosotros)	hablaríamos*	comeríamos*	viviríamos*
(vosotros)	hablaríais*	comeríais*	viviríais*
(ellos / ellas)	hablarían*	comerían*	vivirían*

As the conditional tense uses the same stem as the future tense, the irregular stems are exactly the same as the future tense irregulars.

The imperative

- Use the imperative to give advice or instructions. They are either informal (*tú*) or formal (*usted*).
- To form positive commands with regular verbs, add the following endings to the stem of the verb:

	−ar verbs	−er verbs	−ir verbs
	hablar – to speak	comer – to eat	vivir – to live
(tú)	habla	come	vive
(usted)	hable	coma	viva

Here are some common irregular imperative forms:

	tú	usted
decir	di	diga
hacer	haz	haga
ir	ve	vaya
ser	sé	sea
tener	ten	tenga
venir	ven	venga
poner	pon	ponga
salir	sal	salga

Grammar

8 Reflexive verbs
Reflexive verbs have a reflexive pronoun in front of the verb:

(yo)	me levanto	I get up
(tú)	te levantas	you get up
(él / ella)	se levanta	he / she gets up
(usted)	se levanta	you get up (formal singular)
(nosotros)*	nos levantamos*	we get up*
(vosotros)*	os levantáis*	you get up*
(ellos / ellas)*	se levantan*	they get up*
(ustedes)*	se levantan*	you get up (formal plural)*

9 Modal verbs and expressions

- Modal verbs express things like ability, desire, permission, possibility, obligation, knowledge. For example, they say how you **can**, **might**, **should**, **must** etc. do something. In Spanish, verbs that express these meanings are always followed by the infinitive.

  poder — can (to be able to)
  deber — must (to have to)
  tener que — to have to

  Puedo descargar la película de Internet.
  I can download the film from the Internet.
  Para participar en el concurso, debes mandar un correo electrónico a…
  To enter the competition, **you must** send an email to…
  Después de cenar, tenéis que hacer los deberes.
  After dinner, **you have to** do your homework.
  querer — (to want to)
  Quiero jugar a videojuego.
  I want to play the videogame.
  saber — (to know how to)
  ¿Sabes tocar la giutarra?
  Do you know how to play guitar?

  Fixed phrases that are modal verb + infinitive:
  quisiera – I / he / she / it would like to
  Quisiera dar las gracias a mis profesores.
  I **would like to** thank my teachers.
  me / te / le gustaría – I / he / she / it would like to
  Le gustaría ir a España. He would like to go to Spain.

10 Negatives

- To make a sentence negative, you normally put *no* before the verb:
  No tengo dinero.   I haven't any money.

- Other common negative expressions: *nunca, nadie, nada, ni … ni ninguno, ya no, tampoco*; never, no one, nothing, neither … nor no / not any, no longer / no more, neither / either. There are two ways of using *nunca, nadie, nada*. They can go at the start of the sentence or *no* can go before the verb with *nunca, nadie, nada* after the verb.

  nunca / jamás   never
  No voy nunca a Madrid. / Nunca voy a Madrid.
  I **never** go to Madrid.
  nadie   no one
  No habla nadie. / Nadie habla. **No one** talks.
  nada   nothing
  No me preocupa nada. / Nada me preocupa.
  I am not worried about **anything**.
  no … ningún (o / a)   no / not any
  No tengo ningún problema.   I **don't have a** problem.
  ya no   no longer / no more
  Ya no vivo en esa ciudad.
  I **no longer** live in that city.
  tampoco   neither / either
  No me gusta el fútbol tampoco. / Tampoco me gusta el fútbol.
  I don't like football **either**.

Words and verbs that are marked with * may be useful, but you won't need to know them for the exam.

ciento setenta y tres   173

Grammar

11 Questions (Interrogatives)

- Forming questions in Spanish is easy. You can turn statements into questions by adding an inverted question mark at the beginning and a question mark at the end:
  Nati habla español.   Nati speaks Spanish.
  ¿Nati habla español? Does Nati speak Spanish?

- These are common question words – note that they all have an accent:
  ¿Dónde?   Where?
  ¿Cómo?   How?
  ¿Cuál(es)?   What? (Which?)
  ¿Cuándo?   When?
  ¿Cuánto?   How much?
  ¿Qué?   What?
  ¿Quién(es)?   Who?
  ¿Por qué?   Why?

- When a question word is used, it is followed by the verb and then the subject:
  *¿**Qué** hace la chica?*   **What** is the girl doing?
  *¿**Dónde** está Ana?*   **Where** is Ana?

- In Spanish, you can form a question and omit the subject entirely:
  ¿Dónde está (Daniel)?   Where is **he** (Daniel)?

12 Impersonal verbs

- The most common impersonal verbs in Spanish are *gustar* (to like) and *encantar* (to love).
  Me gusta esta isla.

- This sentence means 'I like this island.' Its literal translation, however, is 'This island pleases me.'

- Note that you need to include the indirect object pronoun to show who is doing the liking:
  *¿**Te** gusta esta isla? Sí, **me** encanta.*
  Do you like this island? Yes, I love it.
  ***Me** preocupan las emisiones de CO2.*
  I worry about CO2 emissions.

- Here are other impersonal verb expressions:
  hay   there is / are
  había   there was / were
  ***Hay** muchas cosas que hacer.*
  There are many things to do.

- The expression *hay que* means 'one must'
  ***Hay que** ser honesto.*   **You have to** be honest.

- The pronoun 'se' and the correctly conjugated verb express a general 'you / one' statement:
  ***No se puede** fumar aquí.*   **You can't** smoke here.
  ***Se necesita** pasaporte para viajar.*
  You need a passport to travel.

- The verb *hacer* and a noun is used to describe weather:
  Hace sol   It's sunny.
  Hace frío   It's cold.

- Other impersonal phrases:
  vale la pena + infinitive   it's worth + present participle

  ***Vale la pena hacer** ejercicio.*   **It's worth doing** exercise.
  hace falta + infinitive   it's necessary
  ***Hace falta** comer bien.*   **One must** eat well.

Grammar

13 Uses of *ser* and *estar*

- *ser* and *estar* both mean 'to be'.
  ser describes who someone is, or what something is.

  | *Es mi hermana.* | **She is** my sister. |
  | *Es una revista.* | **It is** a magazine. |

  It describes something that is unlikely to change.

  | *Madrid **es grande**.* | Madrid **is big**. |
  | *Mi madre **es habladora**.* | My mother **is chatty**. |

  estar describes the location of someone or something.

  *Mis padres **están en Barcelona**.*
  My parents **are in Barcelona**.

  It is used with the past participle to describe a condition that might change. In such expressions the past participle works like an adjective, agreeing with its noun.

  | ***Estamos preocupados**.* | We are worried. |

14 Expressions with *tener*

- *tener* is a useful verb in Spanish. As well as its basic meaning 'to have', it is used in a range of expressions:

tener que	to have to
tener sed / hambre / sueño / miedo / frío / calor / suerte	to be thirsty / hungry / tired / afraid / cold / hot / lucky
tener prisa	to be in a hurry
tener éxito	to be successful

15 Prepositions

Prepositions of place with *estar*

- Because *estar* is the verb for 'to be' when you want to state where something is, the following prepositions are often seen after *estar*.

arriba	upstairs, above
abajo	down, below, downstairs
debajo de	under
delante de	in front of
detrás de	behind
encima de	on top of
enfrente de	opposite
a la derecha de	to the right of
a la izquierda de	to the left of
al lado de	next to

- Prepositions with the points of the compass:

en el norte	in the north
al sur de	in / to the south of
en el centro de	in the centre of

Verbs with prepositions

Many Spanish verbs are followed by a particular preposition, which you need to learn. Here is a list of common combinations. If you are still unsure which preposition to use with a verb, you can check in a dictionary.

Verbs followed by *a*	*aprender a, atreverse a, ayudar a, decidirse a, empezar a, ir a, llegar a, volver a*	to learn to, to dare to, to help to, to decide to, to begin to, to go to, to arrive at, to return to / to do something again
Verbs followed by *de*	*acabar de, acordarse de, dejar de, olvidarse de, terminar de, tratar de, ir de*	to have just (done s / th), to remember to, to stop (doing s / th), to forget to, to finish, to try to, to go for / on / to go …ing
Verbs followed by *en*	*consistir en, insistir en, pensar en*	to consist of, to insist on, to think about
Verbs followed by *con*	*contar con, soñar con*	to count on, to dream about

Personal *a*

- When the object of a verb is a person, you need to include personal *a* before that person:

  | *Vi **a** María en el cine.* | I saw Maria in the cinema. |

de

- When you want to say that something belongs to someone or someplace, use *de* before the person or place:

  | *La casa de Miguel.* | Miguel's house. |
  | *Las tiendas de la ciudad.* | The city's shops. |

para, *sin* + infinitive

- *para* means 'in order to', 'for the purpose of', 'intended for':

  | ***para** reducir la contaminación* | **to** reduce pollution |
  | *Esta carta es **para** ti.* | This letter is **for** you. |

- *sin* means 'without':

  | ***sin** decir nada* | without a word |
  | *Salí **sin** desayunar.* | I left without having breakfast. |

ciento setenta y cinco **175**

Grammar

16 Expressions of time

antes de and *después de*

- To indicate sequences of events, you can use *antes de / después de* + infinitive:

  Antes de salir de casa, tomé un café con leche.

  Before leaving home, I drank a white coffee.

  Después de llegar al instituto, compré fruta para desayunar.

  After arriving at school, I bought some fruit for breakfast.

desde hace

- To say how long you have been doing something which you are still doing, use the present tense with *desde hace*:

  Vivo en Madrid **desde hace** diez años.

  I have been living in Madrid **for** ten years.

17 Conjunctions

The following words are used to link parts of sentences together:

pero	but

Hace frío **pero** no me importa.

It's cold **but** I don't mind.

porque	because

Estoy viendo la tele **porque** está nevando.

I'm watching television **because** it is snowing.

18 Numbers, days, dates and time

1 uno	29 veintinueve
2 dos	30 treinta
3 tres	31 treinta y uno
4 cuatro	32 treinta y dos
5 cinco	40 cuarenta
6 seis	41 cuarenta y uno
7 siete	50 cincuenta
8 ocho	51 cincuenta y uno
9 nueve	60 sesenta
10 diez	61 sesenta y uno
11 once	70 setenta
12 doce	71 setenta y uno
13 trece	80 ochenta
14 catorce	81 ochenta y uno
15 quince	90 noventa
16 dieciséis	91 noventa y uno
17 diecisiete	100 cien
18 dieciocho	101 ciento uno
19 diecinueve	102 ciento dos
20 veinte	200 doscientos
21 veintiuno	201 doscientos uno
22 veintidós	300 trescientos
23 veintitrés	301 trescientos uno
24 veinticuatro	1000 mil
25 veinticinco	1001 mil uno
26 veintiséis	1002 mil dos
27 veintisiete	2000 dos mil
28 veintiocho	

Ordinal numbers: *primero, segundo,* etc.

- The Spanish for 'first' is *primero* in the masculine and *primera* in the feminine:

  use *primer* before a masculine singular noun:

  mi **primer** hijo   my **first** child

176   ciento setenta y seis

Grammar

- To say 'second', 'third', etc:

segundo	second
tercero	third
cuarto	fourth
quinto	fifth
sexto	sixth
séptimo	seventh
octavo	eighth
noveno	ninth
décimo	tenth

Days and dates

lunes	Monday
martes	Tuesday
miércoles	Wednesday
jueves	Thursday
viernes	Friday
sábado	Saturday
domingo	Sunday

enero	January	julio	July
febrero	February	agosto	August
marzo	March	septiembre	September
abril	April	octubre	October
mayo	May	noviembre	November
junio	June	diciembre	December

- Use normal numbers for dates:
  *Mi cumpleaños es **el 27** de diciembre.*
  My birthday is **on the 27th** of December.
  But *el primero* can be used, as well as *el uno* for 'the 1st':
  ***El primero de mayo** tenemos una fiesta.*
  On the 1st of May we have a party.
  Days of the week and months do not start with a capital letter in Spanish:
  *El cumpleaños de mi madre es el 13 de **a**bril.*
  My mother's birthday is on the 13th of April.

- Use *el* + *lunes* / *martes*, etc. to say 'on Monday / Tuesday', etc.:
  ***El domingo** un amigo me regaló un nuevo libro.*
  On Sunday a friend gave me a new book.

- Use *los* + *lunes* / *martes*, etc. to say 'on Mondays / Tuesdays', etc.:
  *Normalmente **los sábados** voy a una clase de música.*
  On Saturdays I normally go to a music lesson.

Time

- The 12-hour clock goes as follows:

Es la una.	It's one o'clock.
Son las dos.	It's two o'clock.
Es la una y cinco.	It's five past one.
Son las dos y diez.	It's ten past two.
Son las dos y cuarto.	It's a quarter past two.
Son las dos y media.	It's half past two.
Son las tres menos veinte.	It's twenty to three.
Son las tres menos cuarto.	It's a quarter to three.
A mediodía.	At midday.
A medianoche.	At midnight.

- As in English, when using the 24-hour clock, use numbers such as *trece, dieciocho,* etc.:
  a las veinte diez   at 20.10

- To ask the time:
  ¿Qué hora es?   What time is it? / What's the time?

ciento setenta y siete   **177**

Verb tables

19 Verb tables

Verb tables help you to use verbs, particularly irregular verbs, correctly.

The first column in the table shows the infinitive in Spanish and English, and then the participles for the verb. The **present participle** (or **gerund**) ends in –*ando* or –*iendo* and is used to translate the –ing form of the English verb (e.g. to speak → speaking). The **past participle** is used to form the perfect tense (e.g. to speak → I have spoken).

Regular –*ar* verbs

infinitive + participles	present	preterite	imperfect	future	conditional
hablar to speak *hablando* *hablado*	hablo hablas habla hablamos habláis hablan	hablé hablaste habló hablamos hablasteis hablaron	hablaba hablabas hablaba hablábamos* hablabais* hablaban*	hablaré hablarás hablará hablaremos* hablaréis* hablarán*	hablaría hablarías hablaría hablaríamos* hablaríais* hablarían*

Regular –*er* verbs

comer to eat *comiendo* *comido*	como comes come comemos coméis comen	comí comiste comió comimos comisteis comieron	comía comías comía comíamos* comíais* comían*	comeré comerás comerá comeremos* comeréis* comerán*	comería comerías comería comeríamos* comeríais* comerían*

Regular –*ir* verbs

vivir to live *viviendo* *vivido*	vivo vives vive vivimos vivís viven	viví viviste vivió vivimos vivisteis vivieron	vivía vivías vivía vivíamos* vivíais* vivían*	viviré vivirás vivirá viviremos* viviréis* vivirán*	viviría vivirías viviría viviríamos* viviríais* vivirían*

178 ciento setenta y ocho

Verb tables

Irregular verbs

infinitive + participles	present	preterite	imperfect	future	conditional
dar **to give** *dando* *dado*	doy das da damos dais dan	di diste dio dimos disteis dieron	daba dabas daba dábamos* dabais* daban*	daré darás dará daremos* daréis* darán*	daría darías daría daríamos* daríais* darían*
decir **to say** *diciendo* *dicho*	digo dices dice decimos decís dicen	dije dijiste dijo dijimos dijisteis dijeron	decía decías decía decíamos* decíais* decían*	diré dirás dirá diremos* diréis* dirán*	diría dirías diría diríamos* diríais* dirían*
estar **to be** *estando* *estado*	estoy estás está estamos estáis están	estuve estuviste estuvo estuvimos estuvisteis estuvieron	estaba estabas estaba estábamos * estabais* estaban*	estaré estarás estará estaremos* estaréis* estarán*	estaría estarías estaría estaríamos* estaríais* estarían*
haber **to have** *habiendo* *habido*	he has ha hemos habéis han	hube hubiste hubo hubimos hubisteis hubieron	había habías había habíamos* habíais* habían*	habré habrás habrá habremos* habréis* habrán*	habría habrías habría habríamos* habríais* habrían*
hacer **to do, to make** *haciendo* *hecho*	hago haces hace hacemos hacéis hacen	hice hiciste hizo hicimos hicisteis hicieron	hacía hacías hacía hacíamos* hacíais* hacían*	haré harás hará haremos* haréis* harán*	haría harías haría haríamos* haríais* harían*

Verbs that are marked with * may be useful, but you won't need to know them for the exam.

ciento setenta y nueve

Verb tables

infinitive + participles	present	preterite	imperfect	future	conditional
ir **to go** *yendo* *ido*	voy vas va vamos vais van	fui fuiste fue fuimos fuisteis fueron	iba ibas iba íbamos* ibais* iban*	iré irás irá iremos* iréis* irán*	iría irías iría iríamos* iríais* irían*
poder **to be able to** *pudiendo* *podido*	puedo puedes puede podemos podéis pueden	pude pudiste pudo pudimos pudisteis pudieron	podía podías podía podíamos* podíais* podían*	podré podrás podrá podremos* podréis* podrán*	podría podrías podría podríamos* podríais* podrían*
poner **to put** *poniendo* *puesto*	pongo pones pone ponemos ponéis ponen	puse pusiste puso pusimos pusisteis pusieron	ponía ponías ponía poníamos* poníais* ponían*	pondré pondrás pondrá pondremos* pondréis* pondrán*	pondría pondrías pondría pondríamos* pondríais* pondrían*
querer **to want** *queriendo* *querido*	quiero quieres quiere queremos queréis quieren	quise quisiste quiso quisimos quisisteis quisieron	quería querías quería queríamos* queríais* querían*	querré querrás querrá querremos* querréis* querrán*	querría querrías querría querríamos* querríais* querrían*
saber **to know** *sabiendo* *sabido*	sé sabes sabe sabemos sabéis saben	supe supiste supo supimos supisteis supieron	sabía sabías sabía sabíamos* sabíais* sabían*	sabré sabrás sabrá sabremos* sabréis* sabrán*	sabría sabrías sabría sabríamos* sabríais* sabrían*

Verb tables

infinitive + participles	present	preterite	imperfect	future	conditional
salir to go out, to leave saliendo salido	salgo sales sale salimos salís salen	salí saliste salió salimos salisteis salieron*	salía salías salía salíamos* salíais* salían*	saldré saldrás saldrá saldremos* saldréis* saldrán*	saldría saldrías saldría saldríamos* saldríais* saldrían*
ser to be siendo sido	soy eres es somos sois son	fui fuiste fue fuimos fuisteis fueron	era eras era éramos* erais* eran*	seré serás será seremos* seréis* serán*	sería serías sería seríamos* seríais* serían*
tener to have teniendo tenido	tengo tienes tiene tenemos tenéis tienen	tuve tuviste tuvo tuvimos tuvisteis tuvieron	tenía tenías tenía teníamos* teníais* tenían*	tendré tendrás tendrá tendremos* tendréis* tendrán*	tendría tendrías tendría tendríamos* tendríais* tendrían*
traer to bring trayendo traído	traigo traes trae traemos traéis traen	traje trajiste trajo trajimos trajisteis trajeron	traía traías traía traíamos* traían* traíais*	traeré traerás traerá traeremos* traeréis* traerán*	traería traerías traería traeríamos* traeríais* traerían*
venir to come viniendo venido	vengo vienes viene venimos venís vienen	vine viniste vino vinimos vinisteis vinieron	venía venías venía veníamos* veníais* venían*	vendré vendrás vendrá vendremos* vendréis* vendrán*	vendría vendrías vendría vendríamos* vendríais* vendrían*
ver to see viendo visto	veo ves ve vemos veis ven	vi viste vio vimos visteis vieron	veía veías veía veíamos* veíais* veían*	veré verás verá veremos* veréis* verán*	vería verías vería veríamos* veríais* verían*

Verbs that are marked with * may be useful, but you won't need to know them for the exam.

Glossary

a to
a mi modo de ver as I see it
a pie on foot
a veces sometimes
el/la abogado/a lawyer
abril April
el/la abuelo/a grandfather/grandmother
los abuelos (m. pl.) grandparents
aburrido/a boring
el accidente accident
aceptar to accept
el acoso bullying
acostumbrar to be in the habit of
la actividad activity
activo/a active
el/la actor/actriz actor/actress
el acuario aquarium
además furthermore, besides, moreover
además de as well as
adicto/a addict, addicted
el aeropuerto airport
afortunadamente fortunately
las afueras outskirts
Agosto August
agradable pleasant
agresivo/a aggressive
el (fem.) agua water
ahora now
ahorrar to save
el aire air
al aire libre in the open air, outdoors
al lado de next to, at the side of
la alegría happiness, joy
alemán/Alemana (adj.) German
la alfombra roja the red carpet
algo something
alguien someone
alguno/a some
allí there
alojarse to stay
el alpinismo mountain climbing
alto/a tall
el/la alumno/a pupil
amarillo/a yellow
el ambiente atmosphere
el/la amigo/a friend
el amor love

andar to walk
el anillo ring
animado/a lively
el animal (n.) animal
animal (adj.) animal
el aniversario anniversary
el año year
anoche last night
anterior previous
antes (de) before
antiguo/a old, ancient
antipático/a unpleasant
el anuncio advert
apagar to put out, turn off
el aparato gadget
apoyar to support
la app app
aprender to learn
aprobar to pass (ie. exam)
apropiado/a appropriate, suitable
aproximadamente approximately
aquí here
el árbol tree
el armario cupboard, wardrobe
la arquitectura architecture
arreglar to sort, arrange, fix
el arte art
el artículo article
el/la artista artist
artístico/a artistic
la ascendencia heritage
así like this, like that
la asignatura subject
el aspecto aspect, appearance
la aspiradora vacuum cleaner
el atletismo athletics
aunque although
los auriculares headphones
automático/a automatic
avanzado/a advanced
el avión plane
ayer yesterday
ayudar to help
el ayuno fasting
el azúcar sugar
azul blue
el bachillerato Baccalaureate (equivalent to A levels)
el bádminton badminton

bailar to dance
el baile dance
bajar to descend, to go down, to download
bajar de to get off (transport)
bajo/a short, low
el baloncesto basketball
el banco bank
la banda (music) band
el baño bathroom
barato/a cheap
el barco boat
el barrio neighbourhood
básico/a basic
bastante quite, quite a lot, enough
la basura rubbish, litter
beber to drink
el beneficio benefit
la biblioteca library
la bicicleta bike, bicycle
bien well
bienvenido/a welcome
el billete ticket
blanco/a white
el bocadillo sandwich
la boda wedding
bonito/a pretty, lovely
el bosque wood, forest
la botella bottle
bueno/a good
buscar to look for, search for
el caballo horse
cada each, every
caer to fall
caerse to fall over/down/off
el café coffee
la caja box, till
la calculadora calculator
la calefacción heating
caliente warm, hot
la calle road, street
el calor heat
la cama bed
la cámara camera
el/la camarero/a waiter/waitress
cambiar to change
cambiarse (de ropa) to get changed
el cambio change
la camisa shirt

182 ciento ochenta y dos

Glossary

la camiseta t-shirt
el campo field, country(side)
la canción song
cansado/a tired, tiring
el/la cantante singer
cantar to sing
la cara face
el caramelo sweet
el carnaval carnival
la carne meat
caro/a expensive, dear
la carrera career, degree course, race
la carretera road
la casa house, home
casado/a married
casarse to get married
casi almost, nearly
castaño/a brown, chestnut-coloured
el castillo castle
la catedral cathedral
católico/a Catholic
la celebración celebration
celebrar to celebrate
celebrarse to hold (event)
cenar to have dinner
el centro centre
el centro comercial shopping centre
el centro deportivo sports centre
cerca (de) near, close (to)
la ceremonia ceremony
cerrar to close, shut
la chaqueta jacket
el/la chico/a boy/girl
chileno/a Chilean
chino/a (adj.) Chinese
el cielo sky
las ciencias science
ciento hundred
cinco five
el cine cinema
la ciudad city, town
claro clear, of course
la clase class
el/la cliente client, customer
el clima climate
el club club
el coche car
la cocina cooking, kitchen
cocinar to cook
coger to catch

el colegio school
el color colour
el comentario comment
comer to eat
la comida food, meal
como as, like
cómo how
¿cómo? how?
¿cómo es …? what is … like?
cómodo/a comfortable
el/la compañero/a classmate, partner, colleague
la compañía company
compartir to share
complicado/a complicated
comprar to buy
compras shopping
comprensivo/a understanding
común common
comunicar to communicate
la comunidad community
con with
el concierto concert
el concurso contest, game show
conducir to drive
conectar to connect
la confianza confidence, trust
conmigo with me
conocer to know (a person or place)
consistir (en) to consist (of)
la construcción building, construction
construir to build
el contacto contact
contaminado/a polluted
contar to tell, count
el contenedor container, bin
contento/a happy, glad, pleased
contra against
la conversación conversation
la copa cup, wine glass, trophy
el corazón heart
la corbata tie
correcto/a correct
el correo electrónico email
correr to run
corto/a short
la cosa thing
la costa coast
costar to cost
la costumbre custom
crear to create

creer to think, believe
crítico/a critical
cruel cruel
cuando when
¿cuándo? when?
cuatro four
cubano/a Cuban
el cuidado care
cuidar to care for, look after
la cultura culture
el cumpleaños birthday
cumplir to turn (age)
el curso course
el daño harm, damage
dar to give
dar un paseo to go for a walk, stroll
de of, from
de flores floral
de moda fashionable
de niño/a as a child
de pie standing, on foot
de rayas striped
debajo de underneath
deber to owe (must)
los deberes homework
decidir to decide
decir to say
la decisión decision
la definición definition
dejar to leave, let, allow
delante de in front of
delgado/a slim, thin
el delito crime, offence
demasiado too, too much
el deporte sport
deportivo/a (of) sports
derecha right
desayunar to have breakfast
el desayuno breakfast
descansar to rest
el descanso rest
describir to describe
descubrir to discover
desde since, from
el desfile parade
deshonesto dishonest
despertar(se) to wake up
después after
destruir to destroy
la desventaja disadvantage
detrás de behind

ciento ochenta y tres 183

Glossary

el día day
el día de santo Saint's Day
diario/a daily
el dibujo art, drawing
los dibujos animados cartoons
el diccionario dictionary
dieciséis sixteen
el diente tooth
la dieta diet
diferente different
difícil difficult
digital digital
el dinero money
la discoteca nightclub, danceclub
discutir to discuss, argue
diseñar to design
el diseño design
disfrutar to enjoy
distinto/a different
diverso/a diverse, varied
divertido/a fun, enjoyable
divertirse to enjoy oneself, to have fun
divorciarse to get divorced
doce twelve
el documental documentary
el domingo Sunday
donar to donate
donde where
¿dónde? where?
dormir to sleep
dormirse to fall asleep
el dormitorio bedroom
dos two
el dulce sweet
durante for, during
duro/a hard
el edificio building
la educación education
educado/a polite
educativo/a educational
los efectos especiales special effects
egoísta selfish
el ejemplo example
el ejercicio exercise
el/la electricista electrician
eléctrico/a electric
electrónico/a electronic
elegante elegant, stylish
emocionante exciting
empezar to start, begin

el/la empleado/a employee
en in, on
en estos momentos at the moment
en vivo live
encantar to love (lit. to delight)
encender to light, turn on
encima de on top of
encontrar to find
la energía energy
el/la enfermero/a nurse
enfermo/a ill, sick
enojado/a angry
enorme enormous
la ensalada salad
enseñar to teach, show
entender to understand
el entierro burial
entonces then
el entorno surroundings
la entrada ticket
entrar (en) to enter, go in
entre between, among
entrenar(se) to train
la entrevista interview
enviar to send
equilibrado/a balanced
el equipo team, equipment
era I was, he/she/it was
la escalada rock climbing
escoger to choose
escribir to write
escuchar to listen (to)
la escuela (primary) school
el esfuerzo effort
el espacio space
España Spain
especial special
especialmente especially
el espectáculo show
esperado/a anticipated
esperar to wait, hope, expect
el esquí ski
la estación station
el estadio stadium
Estados Unidos United States
los estantes shelves
estar to be
estar seguro/a to be sure
el este east
este/esta this
el estilo style

la estrella star
el estrés stress
estricto/a strict
el/la estudiante student
estudiar to study
el estudio study, studio
estupendo/a great, brilliant, wonderful
el euro euro
Europa Europe
europeo/a European
el evento event
evitar to avoid
el examen exam
excelente excellent
la excursión trip, visit, excursion
la experiencia experience
la experiencia laboral work experience
explicar to explain
el extranjero abroad
extranjero/a (adj.) foreign
la fábrica factory
fácil easy
la falda skirt
falso/a FALSE
la falta lack, shortage
faltar to be lacking, to be short of
la fama fame
la familia family
el/la familiar family member
el/la famoso/a (n.) celebrity
famoso/a (adj.) famous
fatal terrible
favorito/a favourite
febrero February
la fecha date
feliz happy
feo/a ugly
la feria fair
la fiesta fiesta, festival
el fin de semana weekend
el final end
finalmente finally
la física (n.) physics
físico/a (adj.) physical
el flamenco flamenco (dance/music)
la flor flower
el fondo end, bottom
la forma way
la formación training
la foto photo

184 ciento ochenta y cuatro

Glossary

	francés/francesa (adj.)	French
la	frecuencia	frequency
	fresco/a	cool, fresh
	frío/a	cold
	frito/a	fried
la	fruta	fruit
el	fuego	fire
	fuerte	strong
	fumar	to smoke
la	función	function
	funcionar	to work, function
el	fútbol	football
el	futuro	future
las	gafas	glasses
las	gafas de sol	sunglasses
la	gala	gala
	ganar	to earn, win
el/la	gato/a	cat
	general	general
	genial	great
la	gente	people
la	geografía	Geography
el	gimnasio	gym
el	golf	golf
	gordo/a	fat
	grabar	to record
	gracioso/a	funny
el	grado	degree (ie. temperature)
	grande	big
la	grasa	grease, fat
	gratis	free (of charge)
	gris	grey
	gritar	to shout
el	grupo	group
	guapo/a	good-looking
	guardar	to keep
	guay	cool
la	guitarra	guitar
	gustar	to like (lit. to please)
	había	there was, there were
la	habitación	room, bedroom
	hablar	to speak, talk
	habrá	there will be
	hace…	…ago
	hacer	to do, make
	hacer camping	to go camping
	hacer fotos	to take photos
	hacer preguntas	to ask questions
	hago	I do, make
el (fem.)	hambre	hunger
la	hamburguesa	burger

	hasta	until
	hay	there is, there are
	hay que	you have to, one must
el/la	hermanastro/a	stepbrother/stepsister
el/la	hermano/a	brother/sister
	hermoso/a	beautiful
el/la	hijo/a	son/daughter
los	hijos (m. pl.)	children, sons and daughters
la	historia	history
	histórico/a	historic
el	hombre	man
la	hora	hour, time
el	horario	timetable, schedule
	horrible	horrible
el	hospital	hospital
el	hotel	hotel
	hoy	today
el	huevo	egg
	humilde	humble
el	humor	humour
	humorístico/a	humorous, comical
el	icono	icon
la	idea	idea
	ideal	ideal
el	idioma	language
la	iglesia	church
la	importancia	importance
	importante	important
	importar	to matter
	imposible	impossible
el	incendio	(wild)fire
	incluir	to include
	increíble	incredible
	independiente	independent
	indígena	native, indigenous
	industrial	industrial
la	influencia	influence
la	información	information
la	informática	ICT
el/la	ingeniero/a	engineer
	inglés/inglesa	English
	inspirar	to inspire
la	instalación	facility
	instalar	to install
el	instituto	secondary school
	inteligente	intelligent, smart
	intentar	to try
	intercambiar	to exchange
el	interés	interest

	interesante	interesting
	interesar	to be interested in
el/la	Internet	Internet
	inventar	to invent
el	invierno	winter
	ir	to go
	ir a pie	to go on foot, walk
	ir al extranjero	to go abroad
	ir de compras	to go shopping
la	isla	island
el	jamón	ham
la	Janucá	Hanukkah
el	jardín	garden
el/la	jefe/jefa	boss
el/la	joven (n.)	young person
	joven (adj.)	young
el	juego	game
el	jueves	Thursday
el/la	jugador(a)	player
	jugar	to play
	jugar videojuegos	to play videogames
el	kayak	kayak
el	kilo	kilo
el	kilómetro	kilometre
	laboral	(of) work
el	lado	side
la	lámpara	lamp
	largo/a	long
	latinoaméricano/a	Latin American
	lavarse los dientes	to brush one's teeth
la	leche	milk
el	lector electrónico	e-book
	leer	to read
	lejos (de)	far (from)
la	lengua	language
	lentamente	slowly
	lento/a	slow
	levantar	to raise
	levantarse	to get up
el	libro	book
el	libro electrónico	e-book
	ligero/a	light (in weight)
	limpiar	to clean
	limpio/a	clean
la	lista (n.)	list
	listo/a (adj.)	clever
la	literatura	literature
la	llamada	call
	llamar	to call

ciento ochenta y cinco

Glossary

	llamarse	to be called
la	llegada	arrival
	llegar (a)	to arrive, get to
	llenar	to fill
	lleno/a	full
	llevar	to take, carry, wear, lead, be / spend (time)
	llevarse bien/mal (con)	to get on well / badly (with)
	llover	to rain
la	lluvia	rain
	lo bueno	the good thing
	lo que	what
	luego	then
el	lugar	place
el	lunes	Monday
la	luz	light
la	madrastra	stepmother
la	madre	mother
	mal	bad, badly
	maleducado/a	impolite
la	maleta	suitcase
	malo/a	bad
	mañana (adv.)	tomorrow
la	mañana	morning
	mandar	to send
la	mano	hand
	mantenerse	to keep (oneself)
	mantenerse en contacto	to keep in touch
la	manzana	apple
el	mar	sea
	maravilloso/a	wonderful, marvellous
	marrón	brown
el	martes	Tuesday
	más	more, most
las	matemáticas	Maths
	mayor	older, bigger
	me gustaría	I would like
la	medicina	medicine
el/la	médico/a	doctor
	medio/a	average
el	medio ambiente	environment
	mediterráneo/a	Mediterranean
	mejor	better, best
	mejorar	to improve
	menor	younger, smaller
	menos	less, least
el	mensaje	message
	mental	mental

	el	mercado	market
	el	mes	month
	la	mesa	table, desk
	el	metro	metre, metro, tube, underground
		mexicano/a	Mexican
	la	mezquita	mosque
	el	miedo	fear
	el	miembro	member
		mientras	while
		mil	thousand
		millón	million
	el	minuto	minute
		mirar	to look at
		mismo/a	same
	la	mochila	rucksack
	la	moda	fashion
	el/la	modelo a seguir	role model
		moderno/a	modern
		molestar	to bother, annoy
	el	momento	moment
	la	montaña	mountain
		montar	to ride, set up
		montar a caballo	to ride a horse, go horse riding
	el	montón	load, lot
		moreno/a	brown, dark
		morir	to die
		mostrar	to show
	el	móvil	mobile (phone)
		mucho/a	much, a lot
		muerto/a	dead
	la	mujer	woman
	el	mundo	world
	el	museo	museum
	la	música	music
		musulmán/musulmana	Muslim
		muy	very
		nacer	to be born
	la	nacionalidad	nationality
		nada	nothing
		nadar	to swim
		nadie	no one
	la	naranja	orange
	la	natación	swimming
	la	naturaleza	nature
		navegar	to surf, navigate (i.e. the Internet)
	la	Navidad	Christmas
		necesitar	to need
		negro/a	black

	nervioso/a	nervous
la	nieve	snow
	ninguno/a	no, none, not any
el/la	niño/a	child, little boy / girl
los/as	niños/as	children
la	noche	night
la	Nochebuena	Christmas Eve
la	Nochevieja	New Year's Eve
el	nombre	name
la	nominación	nomination
	normalmente	normally
el	noroeste	north-west
el	norte	north
	nosotros/as	we, us
la	nota	grade, mark
	notable	noticeable, considerable
las	noticias	news
la	novela	novel
	nuestro/a	our
	Nueva York	New York
	nuevo/a	new
el	número	number
	nunca	never
	obligatorio/a	compulsory
la	obra	work (of art, literature)
	odiar	to hate
el	oeste	western (film)
la	oficina	office
	ofrecer	to offer
	oír	to hear
el	ojo	eye
el	olor	smell
	olvidar	to forget
la	opción	option
	opinar	to believe, think
la	opinión	opinion
la	oportunidad	opportunity
	optativo/a	optional
	optimista	optimistic
el	ordenador	computer, PC
	organizar	to organise
el	origen	origin
	original	original
el	otoño	autumn
	otro/a	other, another
	paciente (adj.)	patient
el	padrastro	stepfather
el	padre	father
la	paella	paella (rice dish usually with seafood)
	pagar	to pay

Glossary

la página page
el país country
el paisaje country, countryside
el pájaro bird
el palacio palace
el pan bread
la pantalla screen
el pantalón trousers
el pantalón corto shorts
el papel role, paper
para to, for
el paracaidismo skydiving
parecer to seem
parecerse a to look like
la pared wall
los parientes relatives
el parkour parkour
el paro unemployment
el parque park
el parque acuático water park
el parque infantil children's park
el parque temático/de atracciones theme park
la parte part
la participación participation
participar to participate
el partido match, game
pasado/a last, past
pasar to pass, spend
pasar de moda to be out of fashion
pasarlo bien to have a good time
la Pascua Easter
pasear to walk, stroll
el paseo stroll, walk
el pasillo corridor
la pasión passion
las patatas fritas chips, fries
el patio yard, patio, playground
las pecas freckles
pedir to ask for, order
la pelea fight
pelear(se) to fight
la película film
peligroso/a dangerous
el pelo hair
el/la peluquero/a hairdresser
pensar to think
peor worse, worst
pequeño/a small
perder to lose
perderse to get lost

perezoso/a lazy
perfecto/a perfect
el periódico newspaper
el/la periodista journalist
permitir to allow, permit
pero but
el/la perro/a dog
la persona person
personal personal
la personalidad personality
pesado/a heavy
pesar to weigh
el pescado fish
pesimista pessimistic
el peso weight
el pez fish
el pijama pyjamas
pintar to paint
la piscina swimming pool
el piso flat, apartment
el plan plan
el plano map, street plan
la planta planta
plantar to plant
el plástico plastic
el plato plate, dish
la playa beach
la plaza square
la plaza de toros bullring
la plaza mayor main square
pobre poor
poco a poco bit by bit
poco/a little, bit
pocos/as few
poder to be able to
el/la policía police officer
el pollo chicken
poner to put
poner fin a to bring an end to
ponerse to put on, become
popular popular
por by, through, for
por ciento per cent
por ejemplo for example
por eso so, therefore
por favor please
por la mañana in the morning
¿por qué? why?
porque because
el portátil laptop
posible possible

practicar to practise
práctico/a practical
el precio price
la preferencia preference
preferir to prefer
la pregunta question
el premio award, prize
preocupar(se) to worry
preocuparse por to worry about
preparar to prepare
presentar to present, introduce
presentarse to introduce oneself
la presión pressure
la primavera spring
primero firstly
primero/a (adj.) first
el/la primo/a cousin
principal main
el principio beginning
privado/a private
probablemente probably
probar to try, try out, test, sample
el problema problem
el producto product
la profesión profession
el/la profesor(a) teacher
profundamente deeply
el programa programme
prohibido/a forbidden, banned
propio/a own
proteger to protect
la proteína protein
provocar to cause
próximo/a next
el proyecto project
público/a (adj.) public
el pueblo town
el puente bridge, Bank Holiday
la puerta door
el puerto port, harbour
puertorriqueño/a Puerto Rican
puro/a pure
que that, which, who
qué what
¿qué? what?
¿qué tal…? how is…?
que viene next
que yo sepa as far as I know
el quechua Quechua (indigenous language)

ciento ochenta y siete **187**

Glossary

quedar to remain, to arrange to meet
quedarse to stay
quemar to burn
quemarse to get (sun)burnt
querer to want, love
quién who
quince fifteen
quitar to remove
quitarse to take off
rápidamente quickly
rápido/a fast, quick
raramente rarely
raro/a strange, odd, rare
la *razón* reason
real real, royal
realista realistic
recargar to charge, recharge
la *recepción* reception
el/la *recepcionista* receptionist
recibir to receive
reciclar to recycle
recoger to collect, pick up
recomendar to recommend
recordar to remember
el *recreo* break, break time
el *recuerdo* souvenir
la *red* net, network
la *red social* social network
reducir to reduce
el *regalo* present, gift
regar to water, irrigate
el *régimen* diet
la *región* region
la *relación* relationship
relajante relaxing
la *religión* religion, R.E.
religioso/a religious
el *reloj* watch, clock
reservar to book
resolver to solve
respetar to respect
respirar to breathe
responder to answer, reply
responsable responsible
el *restaurante* restaurant
la *revista* magazine
el/la *rey/reina* king/queen
rico/a rich, tasty
el *riesgo* risk

el *río* river
robar to steal
rojo/a red
romper to break
la *ropa* clothes
rosa pink
roto/a broken
rubio/a fair, blond(e)
el *ruido* noise
el *sábado* Saturday
saber to know
sacar to take out, get, obtain
sacar fotos to take photos
la *sal* salt
el *salario* salary
salgo I go out
salir to leave, go out
el *salón* living room, lounge
la *salud* health
sano/a healthy
el *secreto* secret
el/la *seguidor(a)* follower
seguir to continue, follow
según according to
segundo/a (adj.) second
la *seguridad* security, safety
seguro/a safe, sure, secure
la *semana* week
la *Semana Santa* Easter Week, Holy Week
semejante similar
sencillo/a simple
sentar to sit, seat
sentarse to sit (down)
sentir(se) to feel
separar to separate
septiembre September
ser to be
la *serie* series
serio/a serious
los *servicios* toilets
servir to serve
si if
siempre always
la *silla* chair
similar similar
simpático/a nice, friendly
sin without
sin duda without doubt
sin embargo however

la *sinagoga* synagogue
sincero/a honest
el *sitio* place
el *sitio web* website
la *situación* situation
sobre on, over, about
el *sofá* sofa, settee, couch
el *sol* sun
solo (adv.) only
solo/a (adj.) alone
soltero/a single
el *sombrero* hat
sonreír to smile
la *sonrisa* smile
la *sorpresa* surprise
subir to ascend, go up, upload
el *submarinismo* scuba diving
sucio/a dirty
el *supermercado* supermarket
el *sur* south
la *tableta* tablet
táctil touch (ie. touch screen)
también also, as well
tan so
tanto/a so many, so much
tantos/as … como as/so many … as
las *tapas* bar snacks
tarde (adv.) late
la *tarde* afternoon, evening
la *tarea* task, piece of homework
el *teatro* theatre, drama
el *techo* ceiling
la *tecnología* technology
la *tele* TV, telly
el *teléfono* telephone
la *telenovela* soap opera
la *televisión* TV, television
la *temperatura* temperature
temprano early
tener to have
tener calor to be hot
tener cuidado to take care, be careful
tener éxito to be successful
tener ganas de to look forward to, feel like
tener hambre to be hungry
tener lugar to take place
tener que to have to
tener sed to be thirsty

	tener sueño to be sleepy, tired	
	tener suerte to be lucky	
	tener tiempo to have time	
	tenía I had, he/she/it had	
el	**tenis** tennis	
	terminar to finish	
	terrible terrible	
el	**texto** text	
el	**tiempo** time, weather, weather forecast	
la	**tienda** shop, tent	
la	**Tierra** Earth	
el/la	**tío/a** aunt/uncle	
los	**tíos (m. pl.)** uncle(s) and aunt(s)	
	típico/a typical	
el	**tipo** type	
	tirar to throw	
	tirarse to jump off	
	tocar to play (an instrument)	
	todas partes everywhere	
	todavía still	
	todo/a all, every	
	todos los días every day	
	tomar to take, eat, drink, have	
	tomar el sol to sunbathe	
el	**tomate** tomato	
el	**tono** tone	
	tonto/a silly, stupid	
	trabajador(a) hard-working	
	trabajar to work	
el	**trabajo** work, job	
la	**tradición** tradition	
	tradicional traditional	
	traer to bring	
el	**tráfico** traffic	
el	**traje** suit, costume, dress	
	tranquilo/a quiet, peaceful	
la	**transmisión** broadcast	
el	**transporte** transport	
	treinta thirty	
el	**tren** train	
los	**Tres Reyes Magos** the Three Wise Men	
	triste sad	
el	**turismo** tourism	
el/la	**turista** tourist	
la	**tutoría** tutorial, tutor group, form period	
	último/a last, latest	
	un montón a lot	

	un poco a little, a bit	
	único/a only, unique	
el	**uniforme** uniform	
la	**universidad** university	
	urbano/a urban	
	usar to use	
el	**uso** use	
el/la	**usuario/a** user	
	útil useful	
la	**uva** grape	
	va he/she/it goes	
las	**vacaciones** holidays	
	vais you (plural) go	
	vale la pena it's worthwhile	
	valer la pena to be worth it	
	vamos we go	
	van they go	
la	**variedad** variety	
	varios/as several, various	
	vas you (singular) go	
el	**vaso** glass, tumbler	
el/la	**vecino/a** neighbour	
	vegano/a vegan	
	vegetariano/a vegetarian	
	vender to sell	
	venir to come	
la	**ventaja** advantage	
la	**ventana** window	
	ver to see, watch	
el	**verano** summer	
la	**verdad** truth	
	verde green	
la(s)	**verdura(s)** vegetables	
el	**vestido** dress	
	vestir to dress	
	vestirse to get dressed	
el/la	**veterinario/a** vet	
la	**vez** time, occasion	
	viajar to travel	
el	**viaje** journey	
la	**vida** life	
la	**vida social** social life	
el	**vídeo** video	
el	**videojuego** video game	
la	**videollamada** video call	
	viejo/a old	
el	**viento** wind	
el	**viernes** Friday	
el	**vino** wine	
la	**visibilidad** visibility, awareness	

la	**visita** visit	
	visitar to visit	
la	**vista** view	
	vivir to live	
	volver to return, go back	
	votar to vote	
	voy I go	
la	**voz** voice	
el	**vuelo** flight	
	yo I	
las	**zapatillas** trainers	
el	**zapato** shoe	
la	**zona** area	
el	**zumo** juice	

ciento ochenta y nueve